합격문제
한자능력검정시험
예상문제집
4급

머리말

우리말은 70% 이상이 한자로 이루어져 있습니다. 특히, 전문용어는 더더욱 한자로 이루어진 단어가 많습니다. 이런 점을 고려할 때, 요즈음 한자에 대한 조기교육 열풍은 향후 우리 학생들이 공부하는 데 있어서 긍정적 역할을 하리라 믿습니다. 또한, 한자를 알면 일본어나 중국어를 공부할 때도 많은 도움이 됩니다. 물론 중국에서는 간체자라고 하여 우리와 쓰는 한자와 다소 다릅니다. 하지만 한자를 알면 이 간체자는 한 달이면 누구나 쉽게 터득할 수 있습니다.

(사)한국어문회에서 초등학생부터 일반에 이르기까지 실시하고 있는 한자능력검정시험의 응시생이 날이 갈수록 늘어나고 있습니다. 이는 그 동안 도외시하고 있던 한자교육이 얼마나 중요하고 필요한가를 보여 주는 한 예라고 볼 수 있습니다.

본 교재는 한자능력검정시험에 응시하는 모든 수험생들이 짧은 시간에 가장 효과적으로 준비할 수 있도록 핵심적인 문제만을 엄격히 선별하여 만들었습니다.

이 책으로 시험을 준비하는 독자 여러분 모두에게 좋은 결과가 있기를 기원하며, 한자교육에 앞장서는 아트미디어(주) 사장님과 편집·제작에 힘써 주신 여러분에게 감사의 마음을 전합니다.

지은이

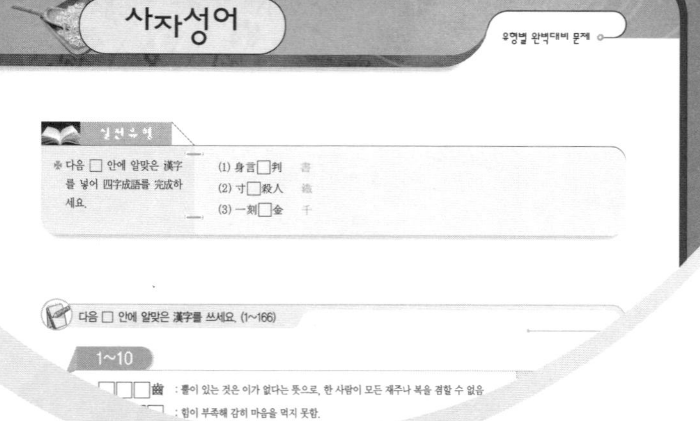

이 책의 구성과 특징

01 :: 시험출제 기준에 꼭 맞춘 문제출제

시중 교재와는 다르게 본 교재는 시험출제 기준에 꼭 맞추어 문제를 출제하였습니다. 즉, 읽기 배정한자에만 해당하는 한자는 독음을 위주로, 쓰기 배정한자는 직접 쓰면서 익힐 수 있는 문제출제를 통하여 효과적으로 시험에 준비할 수 있도록 만들었습니다.

02 :: 각 급수별 배정한자 요약정리

표를 이용하여 시각적으로 쉽고 편하게 각 급수별 배정한자를 정리·학습할 수 있도록 구성하였습니다.

03 :: 고유한자로 이루어진 핵심 단어 제공

각 급수의 고유한자를 실제 사용되는 단어를 통하여 집중적으로 학습할 수 있습니다.

04 :: 출제유형에 따른 완벽대비 문제

한자능력검정시험에 자주 출제되는 문제를 유형별로 정리하여 시험에 완벽대비할 수 있게 구성하였습니다. 특히 문제를 풀면서 한자 하나하나에 대한 학습도 병행할 수 있습니다.

05 :: 최근 출제 경향에 따른 예상문제

최근 출제된 한자능력검정시험을 분석하여 향후 출제될 가능성이 높은 문제만을 엄선하여 실었습니다.

06 :: 실제 시험규격과 동일한 답안지

실전예상문제에 실제 시험과 똑같은 규격의 답안지를 제공하여 실전과 최대한 같은 상황에서 모의시험을 치를 수 있도록 하였습니다.

07 :: 기출분석문제

기존에 출제된 문제를 통해 실전에 완벽대비할 수 있도록 하였습니다.

차례

4급 배정한자 1000자 ... 6

4급 고유한자 - 단어로 익히기 ... 17

유형별 완벽대비 문제 ... 19

|사자성어
|동의어 · 유의어
|반의어 · 상대어 Ⅰ
|반의어 · 상대어 Ⅱ
|동음이의어
|틀리기 쉬운 부수
|속자 · 약자

실전예상문제 〔01회 ~ 10회〕 ... 55

기출분석문제 〔제 1 회 ~ 제 5 회〕 ... 97

정답 및 해설 ... 109

배정한자 1000자

8급 배정한자 50자

ㄱ	敎 가르칠 교	校 학교 교	九 아홉 구	國 나라 국	軍 군사 군	金 쇠 금/성 김	ㄴ	南 남녘 남	女 계집 녀
年 해 년	ㄷ	大 큰 대	東 동녘 동	ㄹ	六 여섯 륙	ㅁ	萬 일만 만	母 어미 모	木 나무 목
門 문 문	民 백성 민	ㅂ	白 흰 백	父 아비/아버지 부	北 북녘 북/달아날 배	ㅅ	四 넉 사	山 메 산	三 석 삼
生 날 생	西 서녘 서	先 먼저 선	小 작을 소	水 물 수	室 집/방 실	十 열 십	ㅇ	五 다섯 오	王 임금 왕
外 바깥 외	月 달 월	二 두 이	人 사람 인	日 날 일	一 한 일	ㅈ	長 긴/어른 장	弟 아우 제	中 가운데 중
ㅊ	靑 푸를 청	寸 마디 촌	七 일곱 칠	ㅌ	土 흙 토	ㅍ	八 여덟 팔	ㅎ	學 배울 학
韓 한국/나라 한	兄 형/맏 형	火 불 화							

7급 고유한자 100자

ㄱ	歌 노래 가	家 집 가	間 사이 간	江 강 강	車 수레 거/수레 차	空 빌 공	工 장인 공	口 입 구	旗 기/깃발 기
記 기록할 기	氣 기운 기	ㄴ	男 사내 남	内 안 내	農 농사 농	ㄷ	答 대답 답	道 길 도	冬 겨울 동
洞 골 동/밝을 통	動 움직일 동	同 한가지 동	登 오를 등	ㄹ	來 올 래	力 힘 력	老 늙을 로	里 마을 리	林 수풀 림
立 설 립	ㅁ	每 매양 매	面 낯 면	命 목숨 명	名 이름 명	文 글월 문	問 물을 문	物 물건 물	ㅂ
方 모 방	百 일백 백	夫 사나이/지아비 부	不 아니 불	ㅅ	事 일 사	算 셈 산	上 윗 상	色 색 색	夕 저녁 석
姓 성 성	世 인간/세상 세	所 바 소	少 적을 소	數 셈 수	手 손 수	時 때 시	市 저자 시	食 밥/먹을 식	植 심을 식
心 마음 심	ㅇ	安 편안 안	語 말씀 어	然 그럴 연	午 낮 오	右 오른쪽 우	有 있을 유	育 기를 육	邑 고을 읍
入 들 입	ㅈ	字 글자 자	自 스스로 자	子 아들 자	場 마당 장	前 앞 전	全 온전 전	電 전기 전	正 바를 정
祖 할아버지 조	足 발 족	左 왼쪽 좌	住 살 주	主 주인 주	重 무거울/거듭 중	地 땅 지	紙 종이 지	直 곧을 직	ㅊ
川 내 천	千 일천 천	天 하늘 천	草 풀 초	村 마을 촌	秋 가을 추	春 봄 춘	出 나갈 출	ㅍ	便 편안할 편/똥오줌 변
平 평평할 평	ㅎ	下 아래 하	夏 여름 하	漢 한수/한나라 한	海 바다 해	花 꽃 화	話 말씀 화	活 살 활	孝 효도 효
後 뒤 후	休 쉴 휴								

6Ⅱ·6급 고유한자 150자

ㄱ	各 각각 각	角 뿔 각	感 느낄 감	強 강할 강	開 열 개	京 서울 경	計 셀 계	界 지경 계	高 높을 고
苦 쓸 고	古 예 고	功 공 공	公 공평할/공변될 공	共 한가지 공	科 과목 과	果 실과 과	光 빛 광	交 사귈 교	球 공/옥경 구
區 구분할/지경 구	郡 고을 군	近 가까울 근	根 뿌리 근	今 이제 금	急 급할 급	級 등급 급	ㄷ	多 많을 다	短 짧을 단
堂 집 당	待 기다릴 대	代 대신할 대	對 대할 대	圖 그림 도	度 법도 도/헤아릴 탁	讀 읽을 독/구절 두	童 아이 동	頭 머리 두	等 무리 등
ㄹ	樂 즐거울 락/노래 악/좋아할 요	例 법식 례	禮 예도 례	路 길 로	綠 푸를 록	理 다스릴 리	李 오얏/성 리	利 이할 리	ㅁ
明 밝을 명	目 눈 목	聞 들을 문	米 쌀 미	美 아름다울 미	ㅂ	朴 성 박	班 나눌 반	反 돌아올/돌이킬 반	半 반 반
發 필 발	放 놓을 방	番 차례 번	別 다를/나눌 별	病 병 병	服 옷 복	本 근본 본	部 떼 부	分 나눌 분	ㅅ
社 모일 사	死 죽을 사	使 하여금/부릴 사	書 글 서	石 돌 석	席 자리 석	線 줄 선	雪 눈 설	省 살필 성/덜 생	成 이룰 성
消 사라질 소	速 빠를 속	孫 손자 손	樹 나무 수	術 재주 술	習 익힐 습	勝 이길 승	始 비로소 시	式 법식 식	神 귀신 신
身 몸 신	信 믿을 신	新 새 신	失 잃을 실	ㅇ	愛 사랑 애	野 들 야	夜 밤 야	藥 약 약	弱 약할 약
陽 볕 양	洋 큰바다 양	言 말씀 언	業 업 업	永 길 영	英 꽃부리 영	溫 따뜻할 온	勇 날랠 용	用 쓸 용	運 옮길 운
園 동산 원	遠 멀 원	油 기름 유	由 말미암을 유	銀 은 은	飮 마실 음	音 소리 음	意 뜻 의	衣 옷 의	醫 의원 의

ㅈ	者 놈 자	昨 어제 작	作 지을 작	章 글월 장	在 있을 재	才 재주 재	戰 싸울 전	庭 뜰 정	定 정할 정
題 제목 제	第 차례 제	朝 아침 조	族 겨레 족	晝 낮 주	注 부을 주	集 모을 집	ㅊ	窓 창문 창	淸 맑을 청
體 몸 체	親 친할 친	ㅌ	太 클 태	通 통할 통	特 특별할 특	ㅍ	表 겉 표	風 바람 풍	ㅎ
合 합할 합	行 다닐 행/항렬 항	幸 다행 행	向 향할 향	現 나타날 현	形 모양 형	號 이름 호	畫 그림 화/그을 획	和 화할 화	黃 누를 황
會 모일 회	訓 가르칠 훈								

5급 고유한자 200자

ㄱ	價 값 가	加 더할 가	可 옳을 가	改 고칠 개	客 손 객	去 갈 거	擧 들 거	健 굳셀 건	件 물건 건
建 세울 건	格 격식 격	見 볼 견/뵈올 현	決 결단할 결	結 맺을 결	輕 가벼울 경	敬 공경할 경	競 다툴 경	景 볕/경치 경	告 고할 고/청할 곡
固 굳을 고	考 생각할 고	曲 굽을 곡	課 과정/공부할 과	過 지날 과	關 관계할 관	觀 볼 관	廣 넓을 광	橋 다리 교	具 갖출 구

救 구원할 구	舊 예 구	局 판 국	貴 귀할 귀	規 법 규	給 줄 급	期 기약할 기	己 몸 기	汽 물끓는김 기	技 재주 기
基 터 기	吉 길할 길	ㄴ	念 생각 념	能 능할 능	ㄷ	壇 단 단	團 둥글 단	談 말씀 담	當 마땅 당
德 큰/덕 덕	都 도읍 도	島 섬 도	到 이를 도	獨 홀로 독	ㄹ	落 떨어질 락	朗 밝을 랑	冷 찰 랭	良 어질 량
量 헤아릴 량	旅 나그네 려	歷 지날 력	練 익힐 련	領 거느릴 령	令 하여금 령	勞 일할 로	料 헤아릴 료	類 무리 류	流 흐를 류
陸 뭍 륙	ㅁ	馬 말 마	末 끝 말	亡 망할 망	望 바랄 망	買 살 매	賣 팔 매	無 없을 무	ㅂ
倍 곱 배	法 법 법	變 변할 변	兵 군사 병	福 복 복	奉 받들 봉	比 견줄 비	費 쓸 비	鼻 코 비	氷 얼음 빙
ㅅ	寫 베낄 사	史 사기 사	思 생각 사	士 선비 사	仕 섬길 사	査 조사할 사	産 낳을 산	賞 상줄 상	相 서로 상
商 장사 상	序 차례 서	選 가릴 선	鮮 고울 선	船 배 선	仙 신선 선	善 착할 선	說 말씀 설/달랠 세/기쁠 열	性 성품 성	洗 씻을 세
歲 해 세	束 묶을 속	首 머리 수	宿 잘 숙/별자리 수	順 순할 순	示 보일 시	識 알 식/기록할 지	臣 신하 신	實 열매 실	ㅇ
兒 아이 아	惡 악할 악/미워할 오	案 책상 안	約 맺을 약	養 기를 양	漁 고기잡을 어	魚 물고기 어	億 억 억	熱 더울 열	葉 잎 엽
屋 집 옥	完 완전할 완	曜 빛날 요	要 요긴할 요	浴 목욕할 욕	友 벗 우	雨 비 우	牛 소 우	雲 구름 운	雄 수컷 웅
原 언덕 원	願 원할 원	元 으뜸 원	院 집 원	位 자리 위	偉 클 위	耳 귀 이	以 써 이	因 인할 인	任 맡길 임

ㅈ	再	材	財	災	爭	貯	的	赤	典
	두 재	재목 재	재물 재	재앙 재	다툴 쟁	쌓을 저	과녁 적	붉을 적	법 전
傳	展	切	節	店	情	停	調	操	卒
전할 전	펼 전	끊을 절/온통 체	마디 절	가게 점	뜻 정	머무를 정	고를 조	잡을 조	마칠/군사 졸
終	種	罪	州	週	止	知	質	ㅊ	着
마칠 종	씨 종	허물 죄	고을 주	주일 주	그칠 지	알 지	바탕 질		붙을/닿을 착
參	唱	責	鐵	初	最	祝	充	致	則
참여할 참/석 삼	부를 창	꾸짖을 책	쇠 철	처음 초	가장 최	빌 축	채울 충	이를 치	법칙 칙/곧 즉
ㅌ	他	打	卓	炭	宅	ㅍ	板	敗	品
	다를 타	칠 타	높을 탁	숯 탄	집 택/집 댁		널 판	패할 패	물건 품
必	筆	ㅎ	河	寒	害	許	湖	化	患
반드시 필	붓 필		물 하	찰 한	해할 해	허락할 허	호수 호	될 화	근심 환
效	凶	黑							
본받을 효	흉할 흉	검을 흑							

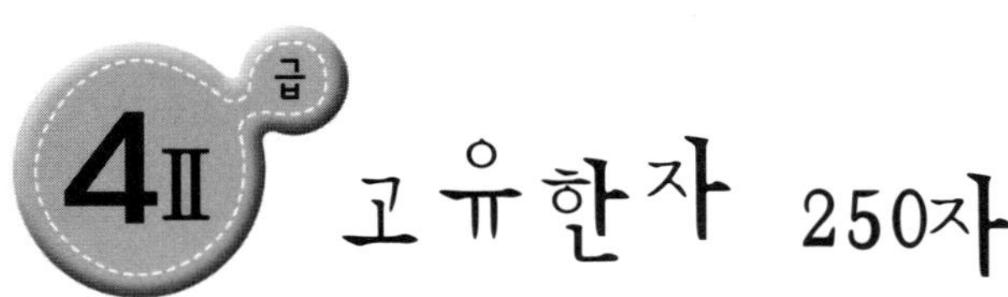

4Ⅱ급 고유한자 250자

ㄱ	街	假	減	監	講	康	個	檢	潔
	거리 가	거짓 가	덜 감	볼 감	욀/강론할 강	편안할 강	낱 개	검사할 검	깨끗할 결

缺	慶	經	警	境	係	故	官	求	句
이지러질 결	경사 경	글/지날 경	깨우칠 경	지경 경	맬 계	연고 고	벼슬 관	구할 구	글귀 구
究	宮	權	極	禁	器	起	ㄴ	暖	難
연구할/궁구할 구	집 궁	권세 권	극진할/다할 극	금할 금	그릇 기	일어날 기		따뜻할 난	어려울 난
怒	努	ㄷ	斷	端	檀	單	達	擔	黨
성낼 노	힘쓸 노		끊을 단	끝/바를 단	박달나무 단	홑 단/홍노임금 선	통달할 달	멜 담	무리 당
帶	隊	導	督	毒	銅	斗	豆	得	燈
띠 대	무리 대	인도할 도	감독할 독	독 독	구리 동	말 두	콩/제기 두	얻을 득	등(불) 등
ㄹ	羅	兩	麗	連	列	錄	論	留	律
	벌릴/벌 라	두 량	고울 려	이을 련	벌일/벌 렬	기록 록	논할 론	머무를 류	법칙 률
ㅁ	滿	脈	毛	牧	武	務	味	未	密
	찰 만	줄기 맥	털 모	칠/기를 목	호반/군사 무	힘쓸 무	맛 미	아닐 미	빽빽할/몰래 밀
ㅂ	博	防	房	訪	背	拜	配	罰	伐
	넓을 박	막을 방	방 방	찾을 방	등 배	절 배	짝/나눌 배	벌할 벌	칠 벌
壁	邊	步	寶	報	保	府	婦	副	富
벽 벽	가 변	걸음 보	보배 보	알릴/갚을 보	지킬 보	마을/관청 부	며느리/지어미 부	버금 부	부자 부
復	佛	備	飛	悲	非	貧	ㅅ	謝	師
회복할 복/다시 부	부처 불	갖출 비	날 비	슬플 비	아닐 비	가난할 빈		사례할 사	스승 사
寺	舍	殺	常	床	想	狀	設	星	聖
절 사	집 사	죽일 살/감할 쇄	떳떳할 상	상 상	생각 상	형상 상/문서 장	베풀/가령 설	별 성	성인 성
盛	聲	城	誠	細	稅	勢	素	掃	笑
성할 성	소리 성	재/성 성	정성 성	가늘 세	세금 세	형세 세	본디/흴 소	쓸 소	웃음 소
續	俗	送	收	修	受	授	守	純	承
이을 속	풍속 속	보낼 송	거둘 수	닦을/고칠 수	받을 수	줄 수	지킬 수	순수할 순	이을 승

施 베풀 시	視 볼 시	詩 시/글 시	試 시험 시	是 옳을/이 시	息 쉴 식	申 펼/납(원숭이) 신	深 깊을 심	ㅇ	眼 눈 안
暗 어두울 암	壓 누를/억누를 압	液 액체 액	羊 양 양	如 같을 여	餘 남을 여	逆 거스를 역	研 갈 연	煙 연기 연	演 펼 연
榮 영화 영	藝 재주 예	誤 그르칠 오	玉 구슬 옥	往 갈 왕	謠 노래 요	容 얼굴 용	圓 둥글 원	員 인원 원	衛 지킬 위
爲 할 위	肉 고기 육	恩 은혜 은	陰 그늘 음	應 응할 응	義 옳을 의	議 의논 의	移 옮길 이	益 더할 익	引 끌 인
印 도장 인	認 알 인	ㅈ	障 막힐 장	將 장수 장	低 낮을 저	敵 대적할 적	田 밭 전	絕 끊을 절	接 이을/접할 접
程 길 정	政 정사 정	精 정할/세밀할 정	濟 건널/건질 제	提 끌 제	除 덜 제	制 마를/절제할 제	祭 제사 제	際 즈음/가 제	製 지을 제
助 도울 조	鳥 새 조	早 이를/아침 조	造 지을 조	尊 높을 존	宗 마루/종교 종	走 달릴 주	竹 대 죽	準 준할/법 준	衆 무리 중
增 더할 증	指 가리킬 지	志 뜻 지	至 이를 지	支 지탱할 지	職 직분/벼슬 직	進 나아갈 진	眞 참 진	ㅊ	次 버금 차
察 살필 찰	創 비롯할 창	處 곳 처	請 청할 청	總 다 총	銃 총 총	蓄 모을 축	築 쌓을 축	蟲 벌레 충	忠 충성 충
取 가질 취	測 헤아릴 측	治 다스릴 치	置 둘 치	齒 이 치	侵 침노할 침	ㅋ	快 쾌할 쾌	ㅌ	態 모습/태도 태
統 거느릴 통	退 물러갈 퇴	ㅍ	破 깨뜨릴 파	波 물결 파	砲 대포 포	布 베 포/보시 보	包 쌀 포	暴 사나울 폭/모질 포	票 불똥튈/표 표
豐 풍년 풍	ㅎ	限 한할/막을 한	航 배 항	港 항구 항	解 풀 해	鄕 시골 향	香 향기 향	虛 빌 허	驗 시험 험

賢	血	協	惠	護	戶	呼	好	貨	確
어질 현	피 혈	화할 협	은혜 혜	도울 호	문/집 호	부를 호	좋을 호	재물 화	굳을 확
回	吸	興	希						
돌아올 회	마실 흡	일/일어날 흥	바랄 희						

4급 고유한자 250자

ㄱ	暇	覺	刻	簡	干	看	敢	甘	甲
	겨를/틈 가	깨달을 각	새길/모질 각	간략할/대쪽 간	방패 간	볼 간	구태여/감히 감	달 감	갑옷/첫째천간 갑
降	更	據	拒	居	巨	傑	儉	激	擊
내릴 강/항복할 항	고칠 경/다시 갱	근거/의거할 거	막을 거	살 거	클 거	뛰어날/호걸 걸	검소할 검	격할 격	칠 격
犬	堅	鏡	傾	驚	戒	季	鷄	階	系
개 견	굳을 견	거울 경	기울 경	놀랄 경	경계할 계	계절 계	닭 계	섬돌 계	이어맬/이을 계
繼	庫	孤	穀	困	骨	孔	攻	管	鑛
이을 계	곳집 고	외로울 고	곡식 곡	곤할 곤	뼈 골	구멍 공	칠 공	대롱/주관할 관	쇳돌 광
構	群	君	屈	窮	勸	券	卷	歸	均
얽을 구	무리 군	임금 군	굽힐 굴	다할/궁할 궁	권할 권	문서 권	책 권	돌아갈 귀	고를 균
劇	勤	筋	紀	寄	奇	機	ㄴ	納	ㄷ
심할/연극 극	부지런할 근	힘줄 근	벼리/법 기	부칠 기	어찌/기특할 기	틀/때 기		들일 납	

段	盜	逃	徒	ㄹ	卵	亂	覽	略	糧
층계 단	도둑 도	도망할 도	무리/헛될 도		알 란	어지러울 란	볼 람	간략할 략	양식 량
慮	烈	龍	柳	輪	離	ㅁ	妹	勉	鳴
생각할 려	매울 렬	용 룡	버들 류	바퀴/돌 륜	떠날 리		누이 매	힘쓸 면	울 명
模	妙	墓	舞	ㅂ	拍	髮	妨	犯	範
본뜰/모범 모	묘할 묘	무덤 묘	춤출 무		칠 박	터럭 발	방해할 방	범할 범	법 범
辯	普	複	伏	否	負	粉	憤	碑	批
말씀 변	넓을 보	겹칠 복	엎드릴 복	아닐 부	질/패할 부	가루 분	분할 분	비석 비	비평할 비
祕	人	辭	私	絲	射	散	傷	象	宣
숨길 비		말씀 사	사사로울 사	실 사	쏠 사	흩을 산	다칠/상할 상	코끼리 상	베풀 선
舌	屬	損	頌	松	秀	叔	肅	崇	氏
혀 설	붙일 속	덜 손	기릴/칭송할 송	소나무 송	빼어날 수	아재비 숙	엄숙할 숙	높을 숭	성/각시 씨
ㅇ	額	樣	嚴	與	易	域	鉛	延	緣
	이마/수량 액	모양 양	엄할 엄	더불/줄 여	바꿀 역/쉬울 이	지경 역	납 연	늘일 연	인연 연
燃	營	迎	映	豫	優	遇	郵	源	援
탈/불사를 연	경영 영	맞을 영	비칠 영	미리 예	뛰어날 우	만날/대접할 우	우편 우	근원 원	도울 원
怨	委	圍	慰	威	危	遺	遊	儒	乳
원망할 원	맡길 위	에워쌀 위	위로할 위	위엄 위	위태할 위	남길/잃을 유	놀 유	선비 유	젖 유
隱	儀	疑	依	異	仁	ㅈ	姿	姉	資
숨을 은	거동/법 의	의심 의	의지할 의	다를 이	어질 인		모양 자	손윗누이 자	재물 자
殘	雜	裝	張	獎	帳	壯	腸	底	績
남을 잔	섞일 잡	꾸밀 장	베풀 장	장려할 장	장막 장	장할 장	창자 장	밑 저	길쌈/공 적
賊	適	籍	積	轉	錢	專	折	點	占
도적 적	맞을/마침 적	문서 적	쌓을 적	구를 전	돈 전	오로지 전	꺾을 절	점 점	점칠/점령할 점

整 가지런할 정	靜 고요할 정	丁 장정 정	帝 임금 제	條 가지 조	潮 조수/밀물 조	組 짤 조	存 있을 존	鍾 종발/모을 종	從 좇을 종
座 자리 좌	周 두루 주	朱 붉을 주	酒 술 주	證 증거 증	持 가질 지	誌 기록할 지	智 지혜/슬기 지	織 짤 직	盡 다할 진
珍 보배 진	陣 진칠 진	ㅊ	差 어긋날/다를 차	讚 기릴 찬	採 캘 채	冊 책 책	泉 샘 천	廳 관청 청	聽 들을 청
招 부를 초	推 밀 추	縮 줄일 축	就 나아갈 취	趣 뜻 취	層 층 층	針 바늘 침	寢 잘 침	稱 일컬을 칭	ㅌ
歎 탄식할 탄	彈 탄알 탄	脫 벗을 탈	探 찾을 탐	擇 가릴 택	討 칠/찾을 토	痛 아플 통	投 던질 투	鬪 싸움 투	ㅍ
派 갈래 파	判 판단할 판	篇 책 편	評 평할 평	閉 닫을 폐	胞 세포/태 포	爆 불터질 폭	標 표할 표	疲 피곤할 피	避 피할 피
ㅎ	恨 한/원망 한	閑 한가할 한	抗 겨룰/항거할 항	核 씨 핵	憲 법 헌	險 험할 험	革 가죽/고칠 혁	顯 나타낼 현	刑 형벌 형
或 혹 혹	混 섞일 혼	婚 혼인할 혼	紅 붉을 홍	華 빛날 화	環 고리 환	歡 기쁠 환	況 상황/하물며 황	灰 재 회	候 기후/기다릴 후
厚 두터울 후	揮 휘두를 휘	喜 기쁠 희							

	배정한자	쓰기 배정한자
4급	1000자	500자(5급 배정한자)

1~25

* 색자(色字)는 4급 고유한자입니다.

1. 餘暇(여가)
2. 味覺(미각)
3. 正刻(정각)
4. 簡潔(간결)
5. 干潮(간조)
6. 看病(간병)
7. 果敢(과감)
8. 甘草(감초)
9. 鐵甲(철갑)
10. 降伏(항복)
11. 變更(변경)
12. 根據(근거)
13. 拒絕(거절)
14. 居處(거처)
15. 巨物(거물)
16. 女傑(여걸)
17. 儉約(검약)
18. 激怒(격노)
19. 打擊(타격)
20. 鬪犬(투견)
21. 堅實(견실)
22. 面鏡(면경)
23. 傾聽(경청)
24. 驚異(경이)
25. 警戒(경계)

26~50

26. 季節(계절)
27. 養鷄(양계)
28. 階級(계급)
29. 系統(계통)
30. 繼續(계속)
31. 寶庫(보고)
32. 孤島(고도)
33. 穀類(곡류)
34. 困難(곤란)
35. 骨組(골조)
36. 氣孔(기공)
37. 攻防(공방)
38. 管理(관리)
39. 鑛業(광업)
40. 構造(구조)
41. 群落(군락)
42. 聖君(성군)
43. 屈折(굴절)
44. 困窮(곤궁)
45. 勸告(권고)
46. 食券(식권)
47. 壓卷(압권)
48. 歸家(귀가)
49. 均一(균일)
50. 劇團(극단)

51~75

51. 勤儉(근검)
52. 筋肉(근육)
53. 西紀(서기)
54. 寄與(기여)
55. 奇妙(기묘)
56. 機密(기밀)
57. 納品(납품)
58. 手段(수단)
59. 盜賊(도적)
60. 逃亡(도망)
61. 徒步(도보)
62. 鷄卵(계란)
63. 亂立(난립)
64. 觀覽(관람)
65. 略式(약식)
66. 糧穀(양곡)
67. 念慮(염려)
68. 激烈(격렬)
69. 龍宮(용궁)
70. 花柳(화류)
71. 前輪(전륜)
72. 離散(이산)
73. 男妹(남매)
74. 勤勉(근면)
75. 悲鳴(비명)

76~100

76. 模寫(모사)
77. 妙技(묘기)
78. 墓所(묘소)
79. 舞曲(무곡)
80. 拍車(박차)
81. 理髮(이발)
82. 無妨(무방)
83. 犯罪(범죄)
84. 師範(사범)
85. 雄辯(웅변)
86. 普通(보통)
87. 複合(복합)
88. 伏兵(복병)
89. 否決(부결)
90. 負傷(부상)
91. 粉乳(분유)
92. 憤敗(분패)
93. 墓碑(묘비)
94. 批評(비평)
95. 極祕(극비)
96. 辭說(사설)
97. 私費(사비)
98. 鐵絲(철사)
99. 射擊(사격)
100. 散步(산보)

101~125

101. 傷害(상해)
102. 印象(인상)
103. 宣言(선언)
104. 舌戰(설전)
105. 屬性(속성)
106. 損傷(손상)
107. 稱頌(칭송)
108. 松板(송판)
109. 秀麗(수려)
110. 外叔(외숙)
111. 嚴肅(엄숙)
112. 崇拜(숭배)
113. 姓氏(성씨)
114. 金額(금액)
115. 多樣(다양)
116. 嚴禁(엄금)
117. 與件(여건)
118. 交易(교역)
119. 海域(해역)
120. 鉛筆(연필)
121. 延長(연장)
122. 緣故(연고)
123. 燃燈(연등)
124. 營業(영업)
125. 迎入(영입)

126~150

126. 上映(상영)	131. 根源(근원)	136. 慰勞(위로)	141. 儒林(유림)	146. 依存(의존)
127. 豫約(예약)	132. 援軍(원군)	137. 威信(위신)	142. 乳兒(유아)	147. 異性(이성)
128. 優待(우대)	133. 怨聲(원성)	138. 危急(위급)	143. 隱退(은퇴)	148. 仁術(인술)
129. 禮遇(예우)	134. 委員(위원)	139. 遺産(유산)	144. 禮儀(예의)	149. 姿態(자태)
130. 郵送(우송)	135. 範圍(범위)	140. 遊說(유세)	145. 疑問(의문)	150. 姉妹(자매)

151~175

151. 資料(자료)	156. 勸奬(권장)	161. 業績(업적)	166. 轉入(전입)	171. 占領(점령)
152. 殘業(잔업)	157. 布帳(포장)	162. 逆賊(역적)	167. 葉錢(엽전)	172. 整列(정렬)
153. 雜念(잡념)	158. 壯談(장담)	163. 適應(적응)	168. 專攻(전공)	173. 靜脈(정맥)
154. 裝置(장치)	159. 小腸(소장)	164. 戶籍(호적)	169. 骨折(골절)	174. 壯丁(장정)
155. 主張(주장)	160. 海底(해저)	165. 積善(적선)	170. 點火(점화)	175. 帝王(제왕)

176~200

176. 條件(조건)	181. 從軍(종군)	186. 證券(증권)	191. 盡力(진력)	196. 採集(채집)
177. 潮流(조류)	182. 座中(좌중)	187. 持病(지병)	192. 珍味(진미)	197. 冊房(책방)
178. 組合(조합)	183. 周圍(주위)	188. 雜誌(잡지)	193. 陣地(진지)	198. 溫泉(온천)
179. 實存(실존)	184. 印朱(인주)	189. 智略(지략)	194. 差等(차등)	199. 官廳(관청)
180. 鍾子(종자)	185. 酒席(주석)	190. 織造(직조)	195. 激讚(격찬)	200. 聽取(청취)

201~225

201. 招來(초래)	206. 高層(고층)	211. 彈力(탄력)	216. 痛快(통쾌)	221. 長篇(장편)
202. 推進(추진)	207. 分針(분침)	212. 脫出(탈출)	217. 投藥(투약)	222. 評判(평판)
203. 減縮(감축)	208. 寢具(침구)	213. 探險(탐험)	218. 鬪爭(투쟁)	223. 閉店(폐점)
204. 就職(취직)	209. 對稱(대칭)	214. 選擇(선택)	219. 派兵(파병)	224. 細胞(세포)
205. 趣味(취미)	210. 感歎(감탄)	215. 檢討(검토)	220. 判決(판결)	225. 爆笑(폭소)

226~250

226. 標本(표본)	231. 抗議(항의)	236. 顯達(현달)	241. 紅葉(홍엽)	246. 石灰(석회)
227. 疲勞(피로)	232. 核心(핵심)	237. 刑法(형법)	242. 榮華(영화)	247. 氣候(기후)
228. 避身(피신)	233. 憲兵(헌병)	238. 或者(혹자)	243. 環境(환경)	248. 厚謝(후사)
229. 怨恨(원한)	234. 危險(위험)	239. 混亂(혼란)	244. 歡迎(환영)	249. 發揮(발휘)
230. 閑散(한산)	235. 革新(혁신)	240. 請婚(청혼)	245. 近況(근황)	250. 喜劇(희극)

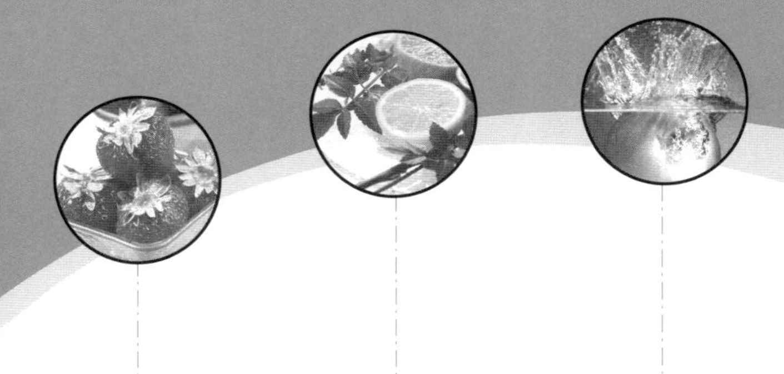

국가공인 한자능력검정시험 예상문제집 4급

유형별 완벽대비 문제

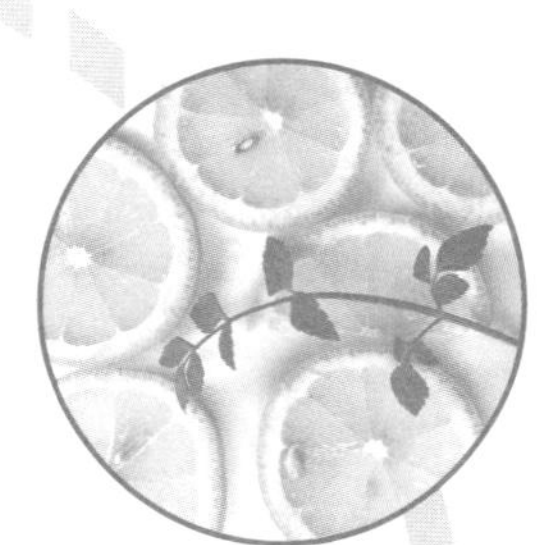

사자성어	21
동의어 · 유의어	27
반의어 · 상대어 Ⅰ	33
반의어 · 상대어 Ⅱ	38
동음이의어	44
틀리기 쉬운 부수	49
속자 · 약자	52

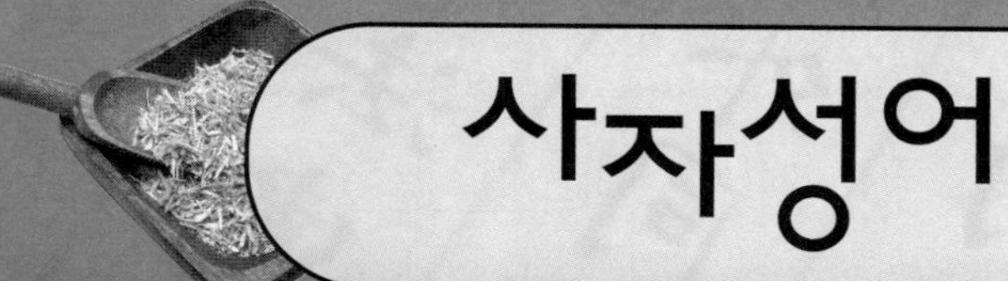

사자성어

실전유형

✽ 다음 ☐ 안에 알맞은 漢字를 넣어 四字成語를 完成하세요.

(1) 身言☐判　　書
(2) 寸☐殺人　　鐵
(3) 一刻☐金　　千

다음 ☐ 안에 알맞은 漢字를 쓰세요. (1~166)

1~10

(1) ☐☐☐齒 : 뿔이 있는 것은 이가 없다는 뜻으로, 한 사람이 모든 재주나 복을 겸할 수 없음.
(2) 敢☐☐☐ : 힘이 부족해 감히 마음을 먹지 못함.
(3) 甘☐☐☐ : 달콤한 말과 이로운 말로 상대를 꾀이는 것.
(4) ☐☐煙波 : 강이나 호수 위에 안개처럼 보얗게 이는 기운. 또는 그 수면의 잔물결.
(5) 居☐☐危 : 편안하게 거할 때 미리 위태로움을 생각함.
(6) ☐☐☐義 : 이익을 보면 먼저 옳은 지를 생각함.
(7) ☐危授☐ : 나라가 위태로울 때 자기의 목숨을 나라에 바침.
(8) ☐☐報恩 : 풀을 엮어 은혜를 갚는다는 뜻으로, 죽어서도 은혜를 잊지 않고 갚는다는 뜻.
(9) 經☐濟☐ : 나라를 잘 다스려 세상을 구제함. 경제(經濟)의 본말.
(10) 驚☐☐☐ : 하늘이 놀라고 땅이 흔들린다는 뜻으로, 세상을 놀라게 한다는 말.

정답

(1) 角者無齒(각자무치)
(2) 敢不生心(감불생심)
(3) 甘言利說(감언이설)
(4) 江湖煙波(강호연파)
(5) 居安思危(거안사위)
(6) 見利思義(견리사의)
(7) 見危授命(견위수명)
(8) 結草報恩(결초보은)
(9) 經國濟世(경국제세)
(10) 驚天動地(경천동지)

11~20

(11) 鷄卵☐骨 : 운수가 나쁜 사람은 모처럼 좋은 기회를 만나도 역시 일이 잘 안됨을 뜻함.
(12) 孤☐☐援 : 고립되어 구원 받을 데가 없음.
(13) ☐盡甘☐ : 쓴 것이 다하면 단 것이 온다는 뜻으로, 고생 끝에 즐거움이 온다는 말.
(14) 骨肉☐殘 : 같은 혈족끼리 서로 다투고 해하는 것.
(15) ☐☐☐毛 : 아홉 마리 소 가운데 하나의 털이란 뜻으로, 썩 많은 가운데 극히 적은 것.
(16) ☐折羊腸 : 아홉 번 꺾이는 양의 창자로, 꼬불꼬불한 험한 산길을 이름.
(17) 君☐☐☐ : 군자의 세 가지 즐거움.
(18) 權☐☐☐ : 아무리 높은 권세도 10년을 지속하기 어려움.
(19) ☐☐玉條 : 금이나 옥같이 귀중히 여겨 꼭 지켜야 할 법칙이나 규정.
(20) 起☐回☐ : 거의 죽을 뻔하다가 다시 살아남.

정답

(11) 鷄卵有骨(계란유골)
(12) 孤立無援(고립무원)
(13) 苦盡甘來(고진감래)
(14) 骨肉相殘(골육상잔)
(15) 九牛一毛(구우일모)
(16) 九折羊腸(구절양장)
(17) 君子三樂(군자삼락)
(18) 權不十年(권불십년)
(19) 金科玉條(금과옥조)
(20) 起死回生(기사회생)

21~30

(21) □盡脈盡 : 기운과 맥이 다해 죽을 정도로 힘이 없음.

(22) 難攻□□ : 공격하기가 어려워 쉽사리 함락되지 아니함.

(23) 亂□賊□ : 나라를 어지럽히는 신하와 어버이를 해치는 자식.

(24) 難□難□ : 누가 형이고 누가 아우인지 구분하기 어려움. 사물의 우열을 가리기 어려움.

(25) 論□□□ : 공적의 크고 작음을 논의하여 그에 알맞은 상을 줌.

(26) □□益□ : 많으면 많을수록 더욱 좋음.

(27) □驚□□ : 크게 놀라 얼굴빛이 하얗게 변함.

(28) □□□異 : 큰 차이 없이 거의 같음.

(29) □義□□ : 사람으로서 마땅히 지키고 행하여야 할 도리나 본분.

(30) □□將□ : 무슨 일이든 자기 생각대로 혼자서 처리하는 사람.

정답

(21) 氣盡脈盡 (기진맥진)

(22) 難攻不落 (난공불락)

(23) 亂臣賊子 (난신적자)

(24) 難兄難弟 (난형난제)

(25) 論功行賞 (논공행상)

(26) 多多益善 (다다익선)

(27) 大驚失色 (대경실색)

(28) 大同小異 (대동소이)

(29) 大義名分 (대의명분)

(30) 獨不將軍 (독불장군)

31~40

(31) 斗酒□辭 : 말술도 사양하지 않는다는 뜻으로, 술을 매우 잘 마심을 뜻함.

(32) 燈□□□ : 등잔 밑이 어둡다는 뜻으로, 가까이 있는 것을 오히려 알아내기 어렵다는 말.

(33) 燈□□□ : 등불을 가까이 할 만하다는 뜻으로, 책읽기 좋은 가을철을 나타냄.

(34) □鏡□□ : 맑은 거울과 고요한 물로, 맑고 고요한 심경을 이름.

(35) □□□丁 : ‘丁(정)’ 자도 알아보지 못한다는 뜻으로, 글자를 전혀 모름을 비유하는 말.

(36) □骨好□ : 줏대가 없이 두루뭉술하고 순하여 남의 비위를 다 맞추는 사람.

(37) □□□爲 : 하지 못하는 것이 없음.

(38) □爲徒□ : 하는 일 없이 먹고 놀기만 함.

(39) □爲□□ : 사람의 힘을 더하지 않은 자연 그대로의 상태.

(40) □房□□ : 서재에 꼭 있어야 할 네 가지 벗으로, 종이, 붓, 벼루, 먹을 말함.

정답

(31) 斗酒不辭 (두주불사)

(32) 燈下不明 (등하불명)

(33) 燈火可親 (등화가친)

(34) 明鏡止水 (명경지수)

(35) 目不識丁 (목불식정)

(36) 無骨好人 (무골호인)

(37) 無所不爲 (무소불위)

(38) 無爲徒食 (무위도식)

(39) 無爲自然 (무위자연)

(40) 文房四友 (문방사우)

41~50

(41) □□□如 : 사물과 마음이 구분 없이 하나로 일치한 상태.

(42) 博□□□ : 학문이 넓고 아는 것이 많음.

(43) □□□疑 : 얼마쯤 믿으면서도 한편으로는 의심함.

(44) 百□□鳴 : 많은 학자 또는 전문가들이 논쟁하는 일.

(45) □折□屈 : 어떠한 어려움에도 굽히지 않음.

(46) □□□益 : 해롭기만 하고 이로울 것이 없음.

(47) 伏□□□ : 땅에 엎드려 움직이지 않는다는 뜻으로, 주어진 일을 처리하는 데 몸을 사림.

(48) □□□議 : 사람의 생각이나 상식으로 알 수 없는 일.

(49) 非□非□ : 같은 현상이나 일이 한두 번이나 한둘이 아니고 많음.

(50) □□□斷 : 죽고 사는 것을 돌보지 않고 끝장을 내려고 함.

정답

(41) 物心一如 (물심일여)

(42) 博學多識 (박학다식)

(43) 半信半疑 (반신반의)

(44) 百家爭鳴 (백가쟁명)

(45) 百折不屈 (백절불굴)

(46) 百害無益 (백해무익)

(47) 伏地不動 (복지부동)

(48) 不可思議 (불가사의)

(49) 非一非再 (비일비재)

(50) 死生決斷 (사생결단)

51~60

(51) ☐☐☐經	: 유교의 대표적 경전인 사서와 삼경을 아울러 이르는 말.	(51) 四書三經 (사서삼경)
(52) ☐☐☐達	: 도로나 교통망 등이 이리저리 사방으로 통함.	(52) 四通八達 (사통팔달)
(53) ☐歸☐	: 모든 일은 반드시 바른길로 돌아감.	(53) 事必歸正 (사필귀정)
(54) ☐☐珍味	: 산과 바다의 온갖 산물(産物)을 다 갖추어 잘 차린 귀한 음식.	(54) 山海珍味 (산해진미)
(55) 殺☐☐仁	: 몸을 죽여 인을 이룬다는 뜻으로, 옳은 일을 위해 자신의 몸을 희생함.	(55) 殺身成仁 (살신성인)
(56) ☐☐☐私	: 공적인 일을 먼저하고 사사로운 일은 뒤로 미룸.	(56) 先公後私 (선공후사)
(57) ☐往☐☐	: 어떤 일의 시비를 따지느라 말로 옥신각신함.	(57) 說往說來 (설왕설래)
(58) ☐☐☐俗	: 일상 생활에서 계절에 따라 관습적으로 되풀이되는 민속.	(58) 歲時風俗 (세시풍속)
(59) ☐俗☐戒	: 원광법사가 지은 화랑이 지켜야 할 다섯 가지 계명.	(59) 世俗五戒 (세속오계)
(60) 送☐迎☐	: 묵은 해를 보내고 새해를 맞이함.	(60) 送舊迎新 (송구영신)

61~70

(61) ☐☐☐罰	: 상과 벌을 공정하고 엄중하게 함.	(61) 信賞必罰 (신상필벌)
(62) ☐☐☐判	: 사람을 판단하는 네 가지 기준으로, 몸가짐, 말씨, 문필, 판단력을 이름.	(62) 身言書判 (신언서판)
(63) ☐☐求是	: 실제로 있는 일에서 진리를 구함.	(63) 實事求是 (실사구시)
(64) ☐貧☐☐	: 가난하면서도 평안하게 도를 즐기며 살아감.	(64) 安貧樂道 (안빈낙도)
(65) 眼☐☐☐	: 눈 아래에 사람이 없다는 뜻으로, 교만하여 남을 업신여김을 말함.	(65) 眼下無人 (안하무인)
(66) ☐房甘☐	: 한약에 꼭 들어가는 감초처럼 어떤 일에 빠짐없이 끼어드는 사람.	(66) 藥房甘草 (약방감초)
(67) ☐☐☐斷	: 말할 길이 끊어졌다는 뜻으로, 어이가 없어 말이 나오지 않음을 이르는 말.	(67) 言語道斷 (언어도단)
(68) ☐☐☐骨	: 말 속에 뼈가 있다는 말로, 말 속에 깊은 뜻이 있음을 뜻함.	(68) 言中有骨 (언중유골)
(69) 緣☐求☐	: 나무에 올라가서 물고기를 구한다는 뜻으로, 불가능한 일을 억지로 하려 하는 것.	(69) 緣木求魚 (연목구어)
(70) ☐故知☐	: 옛것을 익히어 새것을 앎.	(70) 溫故知新 (온고지신)

71~80

(71) ☐☐☐經	: 쇠귀에 경 읽기라는 뜻으로, 어리석어 남의 말을 이해하지 못함을 이름.	(71) 牛耳讀經 (우이독경)
(72) ☐☐☐攻	: 먼 나라와 교류하고 가까운 나라를 공략함.	(72) 遠交近攻 (원교근공)
(73) 危機☐髮	: 위태로운 상황이 머리카락 하나 간격만큼의 절박한 상태.	(73) 危機一髮 (위기일발)
(74) ☐備☐☐	: 미리 준비가 되어 있으면 걱정할 것이 없음.	(74) 有備無患 (유비무환)
(75) ☐☐☐從	: 같은 무리끼리 서로 사귐.	(75) 類類相從 (유유상종)
(76) 陰☐☐報	: 남모르게 덕을 쌓은 사람은 뒤에 그 보답을 저절로 받게 됨.	(76) 陰德陽報 (음덕양보)
(77) 異☐☐聲	: 여러 사람의 말이 한결같음.	(77) 異口同聲 (이구동성)
(78) ☐卵擊☐	: 달걀로 돌을 친다는 뜻으로, 약한 것으로 강한 것을 당해 내려는 어리석음을 말함.	(78) 以卵擊石 (이란격석)
(79) ☐☐治☐	: 열은 열로써 다스린다는 뜻으로, 힘에는 힘으로 상대함을 말함.	(79) 以熱治熱 (이열치열)
(80) ☐☐應報	: 과거 또는 전생의 행위로 훗날의 길흉화복이 결정된다는 말.	(80) 因果應報 (인과응보)

81~90

	정답
(81) ☐☐留☐ : 사람은 죽어서 이름을 남김.	(81) 人死留名(인사유명)
(82) 仁義☐智 : 유교의 네 가지 덕목으로, 어짊, 의로움, 예의, 지혜를 이름.	(82) 仁義禮智(인의예지)
(83) 仁☐☐敵 : 어진 사람은 세상에 적이 없음.	(83) 仁者無敵(인자무적)
(84) ☐☐兩得 : 한 가지 일을 하여 두 가지 이익을 얻음.	(84) 一擧兩得(일거양득)
(85) ☐脈☐☐ : 사고방식, 상태, 성질 등이 서로 통하거나 비슷해짐.	(85) 一脈相通(일맥상통)
(86) ☐罰☐戒 : 다른 사람들에게 경각심을 불러일으키기 위해 본보기로 한 사람을 엄히 처벌함.	(86) 一罰百戒(일벌백계)
(87) ☐絲☐亂 : 하나의 실처럼 질서나 체계가 정연하여 어지러운 데가 없음.	(87) 一絲不亂(일사불란)
(88) ☐☐☐鳥 : 돌 한 개를 던져 두 마리 새를 잡는다는 뜻으로, 동시에 두 가지 이익을 얻음.	(88) 一石二鳥(일석이조)
(89) ☐笑☐☐ : 한 번 웃으면 한 번 젊어짐.	(89) 一笑一少(일소일소)
(90) ☐☐☐陰 : 한 마디 정도의 시간으로, 아주 짧은 동안의 시간을 말함.	(90) 一寸光陰(일촌광음)

91~100

	정답
(91) ☐就☐將 : 나날이 발전하고 다달이 진보함.	(91) 日就月將(일취월장)
(92) ☐波☐波 : 하나의 파도가 여러 파장을 일으키듯이 작은 사건이 큰 파장을 불러일으킴.	(92) 一波萬波(일파만파)
(93) ☐☐☐息 : 스스로 힘쓰고 가다듬어 쉬지 않음.	(93) 自强不息(자강불식)
(94) ☐☐☐得 : 자기가 저지른 일의 결과를 자기가 받음.	(94) 自業自得(자업자득)
(95) ☐☐至☐ : 처음부터 끝까지의 과정.	(95) 自初至終(자초지종)
(96) ☐☐☐讚 : 자기가 그린 그림을 스스로 칭찬한다는 뜻으로, 자기가 한 일을 자랑함.	(96) 自畫自讚(자화자찬)
(97) 張☐☐☐ : 장씨의 셋째 아들과 이씨의 넷째 아들로, 평범한 사람을 이르는 말.	(97) 張三李四(장삼이사)
(98) 適☐☐存 : 환경에 적응하는 것만이 살고 적응하지 못하면 도태되어 사라짐.	(98) 適者生存(적자생존)
(99) 適☐適☐ : 알맞은 인재를 알맞은 자리에 씀.	(99) 適材適所(적재적소)
(100) ☐☐未☐ : 이제까지 들어본 적이 없는 매우 놀라운 일이나 새로운 것.	(100) 前代未聞(전대미문)

101~110

	정답
(101) ☐豆得豆 : 콩 심은데 콩 난다는 뜻으로, 뿌린 대로 거둔다는 말.	(101) 種豆得豆(종두득두)
(102) 走☐看☐ : 달리는 말에서 산을 본다는 뜻으로, 자세히 보지 않고 건성으로 지나침.	(102) 走馬看山(주마간산)
(103) 竹☐故☐ : 죽마를 타고 놀던 친구로, 어릴 때부터 같이 놀며 자란 친구.	(103) 竹馬故友(죽마고우)
(104) 衆☐難防 : 뭇사람의 말을 막기 어렵다는 뜻으로, 여럿이 마구 지껄임을 이름.	(104) 衆口難防(중구난방)
(105) 至誠☐☐ : 정성이 지극하면 하늘도 감동한다는 말.	(105) 至誠感天(지성감천)
(106) ☐慮☐☐ : 천 번 생각에 한 번 실수라는 뜻으로, 지혜로운 사람도 실수하게 마련이라는 말.	(106) 千慮一失(천려일실)
(107) ☐☐緣☐ : 하늘이 정하여 준 연분.	(107) 天生緣分(천생연분)
(108) ☐差☐☐ : 여러 가지 사물이 모두 차이가 있고 구별이 있음.	(108) 千差萬別(천차만별)
(109) ☐篇☐律 : 여럿이 개별적 특성이 없이 모두 엇비슷함.	(109) 千篇一律(천편일률)
(110) ☐☐殺☐ : 간단한 말 한마디로 남을 감동시키거나 약점을 찌를 수 있음.	(110) 寸鐵殺人(촌철살인)

111~120

(111)	忠□逆□	충직한 말은 귀에 거슬림.
(112)	□□□論	탁자 위에서만 펼치는 헛된 논설로, 실현성이 없는 이론을 말함.
(113)	□□聖□	어진 임금이 다스리어 태평한 세상이나 시대.
(114)	□□燈□	바람 앞의 등불로, 매우 위급한 경우에 놓여 있음을 가리키는 말.
(115)	虛虛□□	허를 찌르고 실을 꾀하는 계책.
(116)	呼□呼□	아버지라 부르고 형이라고 부름.
(117)	好□好□	좋은 옷과 좋은 음식으로, 잘 입고 잘 먹는 생활을 뜻함.
(118)	呼□呼□	형이라 부르고 아우라 부르는 사이로, 친형제처럼 가까운 사이를 말함.
(119)	□□□離	만나면 반드시 헤어진다는 뜻으로, 인생의 무상함을 나타냄.
(120)	興盡悲□	즐거움이 다하면 슬픔이 온다는 뜻으로, 세상일은 순환된다는 말.

정답

- (111) 忠言逆耳 (충언역이)
- (112) 卓上空論 (탁상공론)
- (113) 太平聖代 (태평성대)
- (114) 風前燈火 (풍전등화)
- (115) 虛虛實實 (허허실실)
- (116) 呼父呼兄 (호부호형)
- (117) 好衣好食 (호의호식)
- (118) 呼兄呼弟 (호형호제)
- (119) 會者定離 (회자정리)
- (120) 興盡悲來 (흥진비래)

121~130

(121)	□□□□	실제 사물의 이치를 연구하여 지식을 완전하게 함.
(122)	□□□□	물건을 보면 그것을 갖고 싶은 욕심이 생김.
(123)	□□□□	하늘을 공경하고 사람을 사랑함.
(124)	□□□□	여러 차례 죽을 고비를 넘기고 겨우 살아남.
(125)	□□□□	떨어지는 꽃과 흐르는 물로, 세력이 약해져 아주 보잘것없이 됨을 비유함.
(126)	□□□□	신문 등의 출판물에서 어떤 기사에 큰 비중을 두어 다루는 것.
(127)	□□□□	동쪽을 묻는데 서쪽을 말한다는 뜻으로, 엉뚱한 대답을 말함.
(128)	□□□□	말 귀에 스치는 동풍으로, 남의 말을 귀담아듣지 않고 흘려버리는 것.
(129)	□□□□	하나를 들으면 열을 안다는 뜻으로, 매우 총명함을 뜻함.
(130)	□□□□	찾아오는 사람이 많아 집 문 앞이 시장을 이루다시피 함.

정답

- (121) 格物致知 (격물치지)
- (122) 見物生心 (견물생심)
- (123) 敬天愛人 (경천애인)
- (124) 九死一生 (구사일생)
- (125) 落花流水 (낙화유수)
- (126) 大書特筆 (대서특필)
- (127) 東問西答 (동문서답)
- (128) 馬耳東風 (마이동풍)
- (129) 聞一知十 (문일지십)
- (130) 門前成市 (문전성시)

131~140

(131)	□□□□	먼 앞날까지 미리 내다보고 세우는 크고 중요한 계획.
(132)	□□□□	백 년간 황허 강의 물이 맑기를 기다린다는 뜻으로, 실현될 가망이 없음을 말함.
(133)	□□□□	한갓 글만 읽고 세상일에는 전혀 경험이 없는 사람.
(134)	□□□□	백 번 쏘아 백 번 모두 맞힌다는 뜻으로, 무슨 일이나 잘 들어맞음을 뜻함.
(135)	□□□□	예로부터 흰옷을 즐겨 입는 우리 민족을 이르는 말.
(136)	□□□□	아버지가 자식에게 대대로 전함.
(137)	□□□□	묻지 아니하여도 알 수 있음.
(138)	□□□□	옳고 그름을 따지지 아니함.
(139)	□□□□	필요하지도 않고 급하지도 않음.
(140)	□□□□	선비, 농부(農夫), 장인(匠人), 상인(商人)의 네 계급을 말함.

정답

- (131) 百年大計 (백년대계)
- (132) 百年河淸 (백년하청)
- (133) 白面書生 (백면서생)
- (134) 百發百中 (백발백중)
- (135) 白衣民族 (백의민족)
- (136) 父傳子傳 (부전자전)
- (137) 不問可知 (불문가지)
- (138) 不問曲直 (불문곡직)
- (139) 不要不急 (불요불급)
- (140) 士農工商 (사농공상)

141~150

(141) ☐☐☐☐ : 사방의 봄바람으로, 모나지 않게 다 좋도록 처신하는 것.

(142) ☐☐☐☐ : 산에서 싸우고 물에서 싸운다는 말로, 세상 온갖 고난을 다 겪었음을 뜻함.

(143) ☐☐☐☐ : 싸움을 오래 끌지 않고 빨리 끝냄.

(144) ☐☐☐☐ : 몸과 땅은 둘이 아니라는 말로, 자기가 태어난 땅의 농산물이 몸에 좋다는 뜻.

(145) ☐☐☐☐ : 편안한 마음으로 제 분수를 지키며 만족할 줄 앎.

(146) ☐☐☐☐ : 약한 자가 강한 자에게 먹힘.

(147) ☐☐☐☐ : 좋은 약은 입에 쓰다는 뜻으로, 좋은 말은 귀에 거슬린다는 말.

(148) ☐☐☐☐ : 말이 조금도 사리에 맞지 아니함.

(149) ☐☐☐☐ : 산수(山水)의 자연을 즐기고 좋아함.

(150) ☐☐☐☐ : 월하노인(月下老人)과 빙상인(氷上人)의 약어로 중매쟁이를 이르는 말.

정답

(141) 四面春風 (사면춘풍)

(142) 山戰水戰 (산전수전)

(143) 速戰速決 (속전속결)

(144) 身土不二 (신토불이)

(145) 安分知足 (안분지족)

(146) 弱肉強食 (약육강식)

(147) 良藥苦口 (양약고구)

(148) 語不成說 (어불성설)

(149) 樂山樂水 (요산요수)

(150) 月下氷人 (월하빙인)

151~160

(151) ☐☐☐☐ : 입은 있어도 말은 없다는 뜻으로, 변명할 말이 없음을 이름.

(152) ☐☐☐☐ : 이름만 그럴듯하고 실속은 없음.

(153) ☐☐☐☐ : 마음과 마음으로 서로 뜻이 통함.

(154) ☐☐☐☐ : 한마음 한 몸이란 뜻으로, 서로 굳게 결합하는 것을 말함.

(155) ☐☐☐☐ : 하나의 장점이 있으면 하나의 단점도 있음.

(156) ☐☐☐☐ : 필요한 물자를 스스로 생산하여 충당함.

(157) ☐☐☐☐ : 스스로 묻고 스스로 답함.

(158) ☐☐☐☐ : 스스로의 힘으로 한 살림을 이룩함.

(159) ☐☐☐☐ : 번갯불이나 부싯돌의 불이 번쩍거리는 것 같이 매우 짧은 시간을 비유함.

(160) ☐☐☐☐ : 지식과 실천은 둘이 아니고 하나임.

정답

(151) 有口無言 (유구무언)

(152) 有名無實 (유명무실)

(153) 以心傳心 (이심전심)

(154) 一心同體 (일심동체)

(155) 一長一短 (일장일단)

(156) 自給自足 (자급자족)

(157) 自問自答 (자문자답)

(158) 自手成家 (자수성가)

(159) 電光石火 (전광석화)

(160) 知行一致 (지행일치)

161~166

(161) ☐☐☐☐ : 푸른 하늘과 밝은 태양으로, 하늘이 맑게 갠 대낮을 뜻함.

(162) ☐☐☐☐ : 맑은 바람과 밝은 달.

(163) ☐☐☐☐ : 가을바람에 떨어지는 잎으로, 세력이나 형세가 갑자기 기울어짐을 말함.

(164) ☐☐☐☐ : 어느 모로 보나 아름다운 사람으로, 여러 방면의 일에 능통한 사람을 비유함.

(165) ☐☐☐☐ : 집안의 재산을 다 없애고 몸을 망침.

(166) ☐☐☐☐ : 꽃 피는 아침과 달 밝은 밤으로, 경치가 좋은 시절을 이르는 말.

정답

(161) 靑天白日 (청천백일)

(162) 淸風明月 (청풍명월)

(163) 秋風落葉 (추풍낙엽)

(164) 八方美人 (팔방미인)

(165) 敗家亡身 (패가망신)

(166) 花朝月夕 (화조월석)

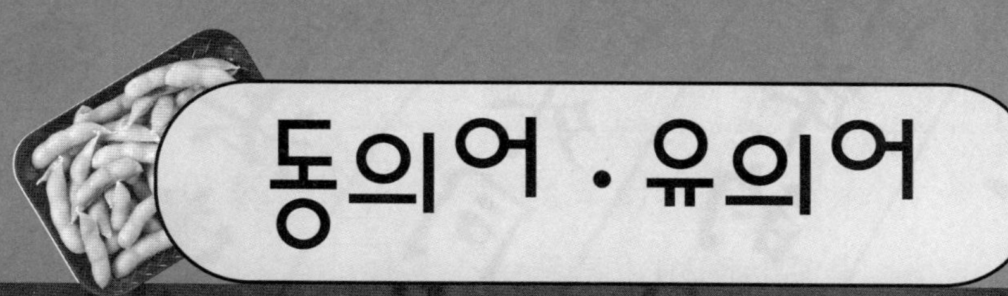

동의어 · 유의어

실전유형

✤ 다음 漢字와 뜻이 같거나 비슷한 漢字를 □ 안에 적어 漢字語를 完成하세요.

(1) 競 － □ 爭
(2) 參 － □ 與
(3) 居 － □ 住

다음 □ 안에 알맞은 漢字를 쓰세요. (1~168)

1~10 4급Ⅱ 배정한자로 이루어진 동의어 · 유의어

(1) □ － 能 : 할 수 있음.
(2) □ － 屋 : 사람이 사는 집.
(3) □ － 宅 : 살고 있는 집.
(4) 競 － □ : 같은 목적에 대하여 이기려고 서로 겨룸.
(5) 計 － □ : 분량이나 무게 따위를 잼.
(6) 計 － □ : 수를 헤아림. 또는 어떤 일을 예상하거나 고려함.
(7) □ － 共 : 국가나 사회의 구성원에게 두루 관계되는 것.
(8) 共 － □ : 둘 이상이 같이함.
(9) 過 － □ : 이미 지나간 때나 일.
(10) 過 － □ : 부주의나 태만으로 비롯된 잘못이나 허물.

정답

(1) 可能(옳을 가/능할 능)
(2) 家屋(집 가/집 옥)
(3) 家宅(집 가/집 택)
(4) 競爭(다툴 경/다툴 쟁)
(5) 計量(셀 계/헤아릴 량)
(6) 計算(셀 계/셀 산)
(7) 公共(공변될 공/함께 공)
(8) 共同(함께 공/한가지 동)
(9) 過去(지날 과/갈 거)
(10) 過失(허물 과/잃을 실)

11~20 4급Ⅱ 배정한자로 이루어진 동의어 · 유의어

(11) □ － 實 : 사람이 먹을 수 있는 열매.
(12) □ － 訓 : 앞으로의 행동이나 생활에 지침이 될 만한 가르침.
(13) □ － 則 : 여러 사람이 다 같이 지키기로 정한 법칙.
(14) 根 － □ : 사물의 본질이나 본바탕.
(15) 技 － □ : 일을 해내는 솜씨.
(16) □ － 話 : 서로 이야기를 주고받음.
(17) □ － 路 : 사람이나 차가 잘 다닐 수 있도록 만든 비교적 넓은 길.
(18) 到 － □ : 목적지에 다다름.
(19) □ － 畫 : 도안과 그림.
(20) 亡 － □ : 잃어버려 없어짐.

정답

(11) 果實(열매 과/열매 실)
(12) 敎訓(가르칠 교/가르칠 훈)
(13) 規則(법 규/법칙 칙)
(14) 根本(뿌리 근/근본 본)
(15) 技術(재주 기/재주 술)
(16) 談話(말씀 담/말할 화)
(17) 道路(길 도/길 로)
(18) 到着(이를 도/붙을 착)
(19) 圖畫(그림 도/그림 화)
(20) 亡失(망할 망/잃을 실)

21~30 4급Ⅱ 배정한자로 이루어진 동의어 · 유의어

(21) 文 － ☐ : 생각이나 느낌을 글로 쓴 것.
(22) 法 － ☐ : 법도와 양식.
(23) 法 － ☐ : 국가가 제정한 통일적 · 체계적인 성문 법규집.
(24) ☐ － 化 : 사물의 성질, 모양, 상태 등이 달라짐.
(25) 兵 － ☐ : 예전에, 군인이나 군대를 이르던 말.
(26) ☐ － 卒 : 군사.
(27) 思 － ☐ : 생각하고 궁리함.
(28) 思 － ☐ : 근심하고 염려하는 여러 가지 생각.
(29) 生 － ☐ : 인간에게 필요한 물품을 만들어 냄.
(30) 生 － ☐ : 사람이나 동물이 일정한 환경에서 활동하며 살아감.

정답

(21) 文章(글월 문/글 장)
(22) 法式(법 법/법 식)
(23) 法典(법 법/법 전)
(24) 變化(변할 변/될 화)
(25) 兵士(군사 병/무사 사)
(26) 兵卒(군사 병/군사 졸)
(27) 思考(생각 사/생각할 고)
(28) 思念(생각 사/생각 념)
(29) 生産(날 생/낳을 산)
(30) 生活(날 생/살 활)

31~40 4급Ⅱ 배정한자로 이루어진 동의어 · 유의어

(31) ☐ － 別 : 가려서 따로 나눔.
(32) ☐ － 木 : 살아 있는 나무.
(33) ☐ － 初 : 맨 처음.
(34) 身 － ☐ : 사람의 몸.
(35) ☐ － 情 : 마음속에 품고 있는 생각이나 감정.
(36) 言 － ☐ : 생각이나 느낌 등을 소리로 전하는 체계.
(37) 年 － ☐ : 나이의 높임말.
(38) 永 － ☐ : 어떤 상태가 끝없이 이어지는 것.
(39) ☐ － 特 : 특별히 뛰어남.
(40) ☐ － 全 : 필요한 것이 모두 갖추어져 모자람이나 흠이 없음.

정답

(31) 選別(가릴 선/나눌 별)
(32) 樹木(나무 수/나무 목)
(33) 始初(처음 시/처음 초)
(34) 身體(몸 신/몸 체)
(35) 心情(마음 심/뜻 정)
(36) 言語(말씀 언/말씀 어)
(37) 年歲(해 년/해 세)
(38) 永遠(길 영/멀 원)
(39) 英特(꽃부리 영/특별할 특)
(40) 完全(완전할 완/온전할 전)

41~50 4급Ⅱ 배정한자로 이루어진 동의어 · 유의어

(41) ☐ － 大 : 도량이나 업적이 크게 뛰어나고 훌륭함.
(42) ☐ － 服 : 몸을 싸서 가리거나 보호하기 위해 만든 물건.
(43) 意 － ☐ : 무엇을 하고자 하는 생각.
(44) 展 － ☐ : 내용을 진전시켜 펴 나감.
(45) ☐ － 爭 : 무력에 의한 싸움.
(46) ☐ － 止 : 움직이고 있던 것이 멈추거나 그침.
(47) ☐ － 和 : 서로 잘 어울림.
(48) 終 － ☐ : 일을 끝냄.
(49) 終 － ☐ : 계속된 일이나 현상의 맨 끝.
(50) 終 － ☐ : 끝마쳐 그치는 것.

정답

(41) 偉大(클 위/큰 대)
(42) 衣服(옷 의/옷 복)
(43) 意思(뜻 의/생각 사)
(44) 展開(펼 전/열 개)
(45) 戰爭(싸움 전/다툴 쟁)
(46) 停止(머무를 정/그칠 지)
(47) 調和(고를 조/화할 화)
(48) 終結(끝날 종/맺을 결)
(49) 終末(끝날 종/끝 말)
(50) 終止(끝날 종/그칠 지)

51~60   4급Ⅱ 배정한자로 이루어진 동의어 · 유의어

(51) ☐ － 識 : 알고 있는 내용이나 사물.

(52) ☐ － 問 : 궁금한 것을 물음.

(53) 集 － ☐ : 사람들을 한곳으로 모으거나 모임.

(54) 村 － ☐ : 시골의 작은 마을.

(55) ☐ － 發 : 목적지를 향하여 나아감.

(56) ☐ － 足 : 넉넉하여 모자람이 없음.

(57) 土 － ☐ : 사람의 생활과 활동에 이용하는 땅.

(58) 平 － ☐ : 평온하고 화목함.

(59) 河 － ☐ : 시내. 강.

(60) 河 － ☐ : 큰 강과 바다.

정답

(51) 知識(알 지/알 식)

(52) 質問(물을 질/물을 문)

(53) 集合(모일 집/합할 합)

(54) 村落(마을 촌/마을 락)

(55) 出發(나갈 출/떠날 발)

(56) 充足(찰 충/족할 족)

(57) 土地(흙 토/땅 지)

(58) 平和(평평할 평/화할 화)

(59) 河川(강 하/내 천)

(60) 河海(강 하/바다 해)

61~70   4급Ⅱ 배정한자로 이루어진 동의어 · 유의어

(61) ☐ － 冷 : 날씨가 춥고 참.

(62) ☐ － 福 : 복된 좋은 운수.

(63) ☐ － 可 : 행동이나 일을 하도록 허용함.

(64) 會 － ☐ : 영리 목적으로 설립된 법인.

(65) ☐ － 謠 : 민요, 동요, 속요, 유행가를 통틀어 이르는 말.

(66) ☐ － 想 : 어떤 사물에 대하여 가지고 있는 구체적인 사고나 생각.

(67) ☐ － 滿 : 가득하게 참.

(68) ☐ － 造 : 건물이나 배 등을 설계하여 만드는 일.

(69) ☐ － 端 : 중용을 벗어나 한쪽으로 치우치는 일.

(70) ☐ － 虛 : 속이 텅 빔.

정답

(61) 寒冷(찰 한/찰 랭)

(62) 幸福(다행 행/복 복)

(63) 許可(허락할 허/옳을 가)

(64) 會社(모일 회/모일 사)

(65) 歌謠(노래 가/노래 요)

(66) 思想(생각 사/생각 상)

(67) 充滿(찰 충/찰 만)

(68) 建造(세울 건/지을 조)

(69) 極端(다할 극/끝 단)

(70) 空虛(빌 공/빌 허)

71~80   4급Ⅱ 배정한자로 이루어진 동의어 · 유의어

(71) ☐ － 誤 : 잘못이나 허물.

(72) ☐ － 備 : 두루 갖춤.

(73) ☐ － 濟 : 어려운 처지에 있는 사람을 도와 줌.

(74) ☐ － 助 : 재난을 당하여 어려운 처지에 빠진 사람을 구하여 줌.

(75) ☐ － 藝 : 예술로 승화될 정도로 갈고 닦은 기술이나 재주.

(76) ☐ － 達 : 어떤 수준에 다다름.

(77) ☐ － 貨 : 재물.

(78) ☐ － 蓄 : 절약하여 모아둠.

(79) ☐ － 留 : 일정한 장소에서 가다가 멈추어 머무름.

(80) ☐ － 潔 : 맑고 깨끗함.

정답

(71) 過誤(허물 과/그르칠 오)

(72) 具備(갖출 구/갖출 비)

(73) 救濟(건질 구/건질 제)

(74) 救助(도울 구/도울 조)

(75) 技藝(재주 기/재주 예)

(76) 到達(이를 도/도달할 달)

(77) 財貨(재물 재/재화 화)

(78) 貯蓄(쌓을 저/쌓을 축)

(79) 停留(머무를 정/머무를 류)

(80) 淸潔(맑을 청/깨끗할 결)

81~90　4급Ⅱ 배정한자로 이루어진 동의어 · 유의어

(81) ☐ － 志 　: 어떤 일을 이루고자 하는 마음.

(82) ☐ － 暖 　: 날씨가 따뜻함.

(83) ☐ － 求 　: 받아야 할 것을 필요에 의하여 달라고 함.

(84) ☐ － 聲 　: 사람의 목소리나 소리.

(85) 監 － ☐ 　: 감독하고 검사함.

(86) 康 － ☐ 　: 기력이 튼튼하고 몸이 건강함.

(87) 境 － ☐ 　: 지역이 구분되는 한계.

(88) 單 － ☐ 　: 단 한 사람.

(89) 報 － ☐ 　: 일의 내용이나 결과를 알림.

(90) 舍 － ☐ 　: 기업체나 기관에서 소속 직원을 위하여 지은 살림집.

정답

(81) 意志(뜻 의/뜻 지)
(82) 溫暖(따뜻할 온/따뜻할 난)
(83) 要求(구할 요/구할 구)
(84) 音聲(소리 음/소리 성)
(85) 監査(볼 감/조사할 사)
(86) 康健(편안할 강/튼튼할 건)
(87) 境界(지경 경/지경 계)
(88) 單獨(홑 단/홀로 독)
(89) 報告(알릴 보/알릴 고)
(90) 舍宅(집 사/집 택)

91~100　4급Ⅱ 배정한자로 이루어진 동의어 · 유의어

(91) 想 － ☐ 　: 마음에 품고 있는 여러 가지 생각.

(92) 素 － ☐ 　: 꾸밈이나 거짓이 없이 있는 그대로임.

(93) 申 － ☐ 　: 국민이 의무적으로 행정 관청에 일정한 사실을 보고하는 일.

(94) 眼 － ☐ 　: 사물을 보고 분별할 수 있는 식견.

(95) 肉 － ☐ 　: 사람의 몸.

(96) 製 － ☐ 　: 새로운 물건이나 예술 작품을 만듦.

(97) 造 － ☐ 　: 어떤 일을 사실인 듯이 꾸며 냄.

(98) 尊 － ☐ 　: 높이어 귀중하게 대함.

(99) 增 － ☐ 　: 수나 양이 더 많아짐.

(100) 處 － ☐ 　: 사람이 기거하거나 임시로 머무는 곳.

정답

(91) 想念(생각 상/생각 념)
(92) 素朴(흴 소/소박할 박)
(93) 申告(아뢸 신/알릴 고)
(94) 眼目(눈 안/눈 목)
(95) 肉身(고기 육/몸 신)
(96) 製作(지을 제/지을 작)
(97) 造作(지을 조/지을 작)
(98) 尊重(높을 존/무거울 중)
(99) 增加(더할 증/더할 가)
(100) 處所(곳 처/곳 소)

101~110　4급Ⅱ 배정한자로 이루어진 동의어 · 유의어

(101) 測 － ☐ 　: 기기를 써서 물건의 높이, 깊이, 넓이 등을 잼.

(102) 統 － ☐ 　: 모두 합쳐 하나로 만듦.

(103) 退 － ☐ 　: 있던 자리에서 옮겨 가거나 떠남.

(104) 限 － ☐ 　: 사물이나 능력, 책임 등이 실제 작용할 수 있는 범위.

(105) 協 － ☐ 　: 서로 협력하여 화합함.

(106) 希 － ☐ 　: 앞일에 대하여 기대를 가지고 바람.

(107) ☐ － 端 　: 맨 끄트머리.

(108) 斷 － ☐ 　: 교류나 연관 관계를 끊음.

(109) 保 － ☐ 　: 변화를 반대하고 전통적인 것을 옹호하며 유지하려 함.

(110) 副 － ☐ 　: 어떤 사물이나 현상이 부수적인 관계나 처지에 있는 것.

정답

(101) 測量(잴 측/헤아릴 량)
(102) 統合(합칠 통/합할 합)
(103) 退去(물러날 퇴/갈 거)
(104) 限界(한할 한/한계 계)
(105) 協和(화할 협/화할 화)
(106) 希望(바랄 희/바랄 망)
(107) 末端(끝 말/끝 단)
(108) 斷絕(끊을 단/끊을 절)
(109) 保守(지킬 보/지킬 수)
(110) 副次(버금 부/버금 차)

111~120 4급Ⅱ 배정한자로 이루어진 동의어 · 유의어

(111) 純 − ☐ : 순수하고 아주 깨끗함.

(112) 施 − ☐ : 도구, 기계 등을 베풀어 설비함.

(113) 試 − ☐ : 재능이나 실력을 일정한 절차에 따라 검사하고 평가하는 일.

(114) 研 − ☐ : 깊이 있게 조사하고 생각하여 사물의 이치를 밝힘.

(115) 連 − ☐ : 끊이지 않고 계속 이어지거나 지속함.

(116) 恩 − ☐ : 고맙게 베풀어 주는 신세나 혜택.

(117) 議 − ☐ : 각자 의견을 주장하거나 논의함.

(118) 精 − ☐ : 온갖 힘을 다하려는 참되고 성실한 마음.

(119) 政 − ☐ : 나라를 다스리는 일.

(120) 製 − ☐ : 공장에서 큰 규모로 물건을 만듦.

정답

(111) 純潔(순수할 순/깨끗할 결)

(112) 施設(베풀 시/베풀 설)

(113) 試驗(시험 시/시험 험)

(114) 研究(갈 연/궁구할 구)

(115) 連續(이을 련/이을 속)

(116) 恩惠(은혜 은/은혜 혜)

(117) 議論(의논할 의/논할 론)

(118) 精誠(자세할 정/정성 성)

(119) 政治(정사 정/다스릴 치)

(120) 製造(지을 제/지을 조)

121~130 4급Ⅱ 배정한자 / 4급 고유한자로 이루어진 동의어 · 유의어

(121) ☐ − 覺 : 눈, 코, 귀, 혀, 살갗을 통하여 어떤 자극을 알아차림.

(122) ☐ − 烈 : 강하고 세참.

(123) ☐ − 慮 : 생각하고 헤아려 봄.

(124) ☐ − 慮 : 여러 가지 일에 대하여 깊게 생각함.

(125) ☐ − 擇 : 여럿 가운데서 필요한 것을 골라 뽑음.

(126) ☐ − 慮 : 앞일에 대하여 여러 가지로 마음을 써서 걱정함.

(127) ☐ − 鬪 : 온갖 병기로 무장하여 싸움.

(128) ☐ − 居 : 일정한 곳에 머물러 삶.

(129) ☐ − 與 : 참가하여 관계함.

(130) ☐ − 擊 : 때려 침. 또는 크게 기가 꺾이거나 손해 또는 손실을 봄.

정답

(121) 感覺(느낄 감/깨달을 각)

(122) 強烈(강할 강/세찰 렬)

(123) 考慮(생각할 고/생각 려)

(124) 思慮(생각 사/생각 려)

(125) 選擇(가릴 선/가릴 택)

(126) 念慮(생각 념/생각 려)

(127) 戰鬪(싸움 전/싸움 투)

(128) 住居(살 주/살 거)

(129) 參與(참여할 참/더불 여)

(130) 打擊(칠 타/칠 격)

131~140 4급 고유한자 / 4급Ⅱ 배정한자로 이루어진 동의어 · 유의어

(131) 巨 − ☐ : 엄청나게 큼.

(132) 居 − ☐ : 일정한 곳에 머물러 삶.

(133) 堅 − ☐ : 굳고 튼튼함.

(134) 孤 − ☐ : 세상에 홀로 떨어져 있는 듯이 매우 외롭고 쓸쓸함. 외로움.

(135) 逃 − ☐ : 피하거나 쫓기어 달아남.

(136) 辭 − ☐ : 늘어놓는 말이나 이야기.

(137) 崇 − ☐ : 존엄하고 거룩함.

(138) 帝 − ☐ : 황제와 국왕의 총칭.

(139) 存 − ☐ : 현실에 실제로 있음.

(140) 聽 − ☐ : 널리 퍼져 돌아다니는 소문.

정답

(131) 巨大(클 거/큰 대)

(132) 居住(살 거/살 주)

(133) 堅固(굳을 견/굳을 고)

(134) 孤獨(외로울 고/홀로 독)

(135) 逃亡(피할 도/달아날 망)

(136) 辭說(말씀 사/말씀 설)

(137) 崇高(높을 숭/높을 고)

(138) 帝王(임금 제/임금 왕)

(139) 存在(있을 존/있을 재)

(140) 聽聞(들을 청/들을 문)

141~150 4급 고유한자 / 4급Ⅱ 배정한자로 이루어진 동의어 · 유의어

(141) 脫 － ☐ : 범위에 들지 못하고 떨어지거나 빠짐.

(142) 鬪 － ☐ : 상대를 이기려고 싸움.

(143) 繼 － ☐ : 끊이지 않고 이어 나감.

(144) 徒 － ☐ : 집단을 이룬 무리.

(145) 姿 － ☐ : 몸가짐과 맵시.

(146) 珍 － ☐ : 진귀한 보배.

(147) 招 － ☐ : 사람을 청하여 부름.

(148) 脫 － ☐ : 관계하고 있던 조직이나 단체에서 관계를 끊고 물러나옴.

(149) 討 － ☐ : 적의 무리를 무력으로 쳐 없앰.

(150) 簡 － ☐ : 간략하고 소박함.

정답

(141) 脫落(빠질 탈 / 떨어질 락)

(142) 鬪爭(싸움 투 / 다툴 쟁)

(143) 繼續(이을 계 / 이을 속)

(144) 徒黨(무리 도 / 무리 당)

(145) 姿態(모양 자 / 모습 태)

(146) 珍寶(보배 진 / 보배 보)

(147) 招請(부를 초 / 청할 청)

(148) 脫退(벗을 탈 / 물러날 퇴)

(149) 討伐(칠 토 / 칠 벌)

(150) 簡素(단출할 간 / 흴 소)

151~160 4급 고유한자로 이루어진 동의어 · 유의어

(151) ☐ － 易 : 간단하고 편리함.

(152) 激 － ☐ : 몹시 세참.

(153) 階 － ☐ : 사람이 오르내리기 위하여 건물이나 비탈에 만든 층층대.

(154) ☐ － 窮 : 가난하고 궁색함.

(155) ☐ － 擊 : 나아가 적을 침.

(156) ☐ － 折 : 휘어서 꺾임.

(157) ☐ － 階 : 일의 차례를 따라 나아가는 과정.

(158) ☐ － 賊 : 도둑.

(159) ☐ － 避 : 도망하여 몸을 피함.

(160) ☐ － 範 : 본받아 배울 만한 대상.

정답

(151) 簡易(단출할 간 / 쉬울 이)

(152) 激烈(부딪칠 격 / 세찰 렬)

(153) 階段(섬돌 계 / 구분 단)

(154) 貧窮(가난할 빈 / 궁할 궁)

(155) 攻擊(칠 공 / 칠 격)

(156) 屈折(굽을 굴 / 꺾을 절)

(157) 段階(구분 단 / 층계 계)

(158) 盜賊(도둑 도 / 도둑 적)

(159) 逃避(달아날 도 / 피할 피)

(160) 模範(법 모 / 법 범)

161~168 4급 고유한자로 이루어진 동의어 · 유의어

(161) ☐ － 評 : 사물의 옳고 그름을 분석하여 가치를 논함.

(162) ☐ － 秀 : 여럿 가운데 뛰어남.

(163) ☐ － 恨 : 억울하고 원통한 일을 당하여 응어리진 마음.

(164) ☐ － 紅 : 노란색을 약간 띤 붉은색.

(165) ☐ － 階 : 계단.

(166) ☐ － 頌 : 공덕을 칭찬하여 기림.

(167) ☐ － 讚 : 좋은 점이나 착하고 훌륭한 일을 높이 평가함.

(168) ☐ － 喜 : 매우 기뻐함.

정답

(161) 批評(비교할 비 / 평할 평)

(162) 優秀(뛰어날 우 / 빼어날 수)

(163) 怨恨(원망할 원 / 한 한)

(164) 朱紅(붉을 주 / 붉을 홍)

(165) 層階(층 층 / 층계 계)

(166) 稱頌(칭찬할 칭 / 기릴 송)

(167) 稱讚(칭찬할 칭 / 기릴 찬)

(168) 歡喜(기쁠 환 / 기쁠 희)

반의어·상대어 Ⅰ

실전유형

✱ 다음 漢字와 뜻이 反對되는 漢字를 □ 안에 적어 漢字語를 完成하세요.

(1) 得 ↔ □　　失
(2) □ ↔ 配　　集
(3) 始 ↔ □　　終

다음 □ 안에 알맞은 漢字를 쓰세요. (1~119)

1~10　　4급Ⅱ 배정한자로 이루어진 반의어·상대어

(1) 江 ↔ □ : 강과 산이라는 뜻으로, 자연의 경치를 이르는 말.
(2) 強 ↔ □ : 강하고 약함. 또는 강자와 약자.
(3) □ ↔ 來 : 주고받음. 또는 사고팖.
(4) 輕 ↔ □ : 가벼움과 무거움. 또는 중요함과 중요하지 않음.
(5) □ ↔ 樂 : 괴로움과 즐거움.
(6) □ ↔ 今 : 예전과 지금.
(7) 曲 ↔ □ : 굽음과 곧음이라는 뜻으로, 사리의 옳고 그름을 이르는 말.
(8) □ ↔ 過 : 공로와 과실.
(9) □ ↔ 學 : 교육과 학문. 또는 가르치는 일과 배우는 일.
(10) □ ↔ 凶 : 운이 좋고 나쁨.

정답

(1) 江山(강 강/메 산)
(2) 強弱(강할 강/약할 약)
(3) 去來(갈 거/올 래)
(4) 輕重(가벼울 경/무거울 중)
(5) 苦樂(쓸 고/즐거울 락)
(6) 古今(예 고/이제 금)
(7) 曲直(굽을 곡/곧을 직)
(8) 功過(공 공/허물 과)
(9) 教學(가르칠 교/배울 학)
(10) 吉凶(길할 길/흉할 흉)

11~20　　4급Ⅱ 배정한자로 이루어진 반의어·상대어

(11) 南 ↔ □ : 남쪽과 북쪽.
(12) 男 ↔ □ : 남자와 여자.
(13) □ ↔ 外 : 안과 밖. 또는 남편과 아내.
(14) 冷 ↔ □ : 찬 기운과 따뜻한 기운.
(15) 勞 ↔ □ : 노동자와 사용자.
(16) □ ↔ 少 : 늙은이와 젊은이.
(17) □ ↔ 少 : 분량이나 정도의 많음과 적음.
(18) 當 ↔ □ : 당선과 낙선.
(19) □ ↔ 西 : 동쪽과 서쪽.
(20) □ ↔ 買 : 물건을 팔고 사는 일.

정답

(11) 南北(남녘 남/북녘 북)
(12) 男女(사내 남/계집 녀)
(13) 內外(안 내/바깥 외)
(14) 冷溫(찰 랭/따뜻할 온)
(15) 勞使(일할 로/부릴 사)
(16) 老少(늙을 로/젊을 소)
(17) 多少(많을 다/적을 소)
(18) 當落(마땅 당/떨어질 락)
(19) 東西(동녘 동/서녘 서)
(20) 賣買(팔 매/살 매)

21~30　　4급Ⅱ 배정한자로 이루어진 반의어 · 상대어

(21) ☐ ↔ 答 : 물음과 대답.

(22) 物 ↔ ☐ : 물질적인 것과 정신적인 것.

(23) 發 ↔ ☐ : 출발과 도착.

(24) ☐ ↔ 末 : 사물이나 일의 처음과 끝.

(25) ☐ ↔ 炭 : 얼음과 숯으로, 서로 정반대가 되어 용납하지 못하는 관계.

(26) 死 ↔ ☐ : 죽기와 살기로, 어떤 중대한 문제를 비유함.

(27) ☐ ↔ 川 : 산과 내로, 자연(自然)을 뜻함.

(28) ☐ ↔ 海 : 산과 바다.

(29) 上 ↔ ☐ : 위와 아래. 또는 윗사람과 아랫사람.

(30) ☐ ↔ 死 : 삶과 죽음.

정답

(21) 問答(물을 문/대답 답)
(22) 物心(물건 물/마음 심)
(23) 發着(떠날 발/다다를 착)
(24) 本末(근본 본/끝 말)
(25) 氷炭(얼음 빙/숯 탄)
(26) 死活(죽을 사/살 활)
(27) 山川(메 산/내 천)
(28) 山海(메 산/바다 해)
(29) 上下(위 상/아래 하)
(30) 生死(살 생/죽을 사)

31~40　　4급Ⅱ 배정한자로 이루어진 반의어 · 상대어

(31) ☐ ↔ 惡 : 착한 것과 악한 것.

(32) 先 ↔ ☐ : 먼저와 나중.

(33) 成 ↔ ☐ : 성공과 실패.

(34) ☐ ↔ 足 : 손과 발. 또는 자기의 손이나 발처럼 마음대로 부리는 사람을 비유함.

(35) ☐ ↔ 火 : 물과 불. 또는 매우 곤란한 환경을 나타냄.

(36) 勝 ↔ ☐ : 승리와 패배.

(37) ☐ ↔ 終 : 처음과 끝, 처음부터 끝까지.

(38) 新 ↔ ☐ : 새것과 헌것.

(39) ☐ ↔ 身 : 마음과 몸.

(40) 言 ↔ ☐ : 말과 행동.

정답

(31) 善惡(착할 선/악할 악)
(32) 先後(먼저 선/뒤 후)
(33) 成敗(이룰 성/패할 패)
(34) 手足(손 수/발 족)
(35) 水火(물 수/불 화)
(36) 勝敗(이길 승/패할 패)
(37) 始終(처음 시/끝 종)
(38) 新舊(새로울 신/예 구)
(39) 心身(마음 심/몸 신)
(40) 言行(말씀 언/행할 행)

41~50　　4급Ⅱ 배정한자로 이루어진 반의어 · 상대어

(41) 溫 ↔ ☐ : 따뜻한 기운과 찬 기운.

(42) 有 ↔ ☐ : 있음과 없음.

(43) ☐ ↔ 海 : 육지와 바다.

(44) ☐ ↔ 近 : 멀고 가까움.

(45) 利 ↔ ☐ : 이익과 손해.

(46) ☐ ↔ 果 : 원인과 결과. 또는 선악의 업에 따라 그에 따른 결과를 받는 것.

(47) 日 ↔ ☐ : 해와 달. 또는 날과 달의 뜻으로, ‘세월’을 이르는 말.

(48) 自 ↔ ☐ : 자기와 남. 또는 자력(自力)과 타력(他力).

(49) ☐ ↔ 短 : 길고 짧음. 또는 좋은 점과 나쁜 점.

(50) ☐ ↔ 後 : 앞과 뒤. 또는 먼저와 나중.

정답

(41) 溫冷(따뜻할 온/찰 랭)
(42) 有無(있을 유/없을 무)
(43) 陸海(뭍 륙/바다 해)
(44) 遠近(멀 원/가까울 근)
(45) 利害(이로울 리/해로울 해)
(46) 因果(원인 인/결과 과)
(47) 日月(날 일/달 월)
(48) 自他(스스로 자/남 타)
(49) 長短(긴 장/짧을 단)
(50) 前後(앞 전/뒤 후)

51~60　4급Ⅱ 배정한자로 이루어진 반의어 · 상대어

(51) ☐ ↔ 夕 : 아침과 저녁. 또는 썩 가까운 앞날을 이르는 말.

(52) ☐ ↔ 孫 : 할아버지와 손자.

(53) 左 ↔ ☐ : 왼쪽과 오른쪽. 또는 주위에 거느리고 있는 사람.

(54) 主 ↔ ☐ : 주인과 손. 주되는 것과 부차적인 것.

(55) ☐ ↔ 夜 : 밤과 낮. 또는 쉬지 아니하고 계속함.

(56) 着 ↔ ☐ : 출발과 도착.

(57) ☐ ↔ 地 : 하늘과 땅. 또는 세상.

(58) 初 ↔ ☐ : 초상이 난 뒤부터 졸곡(卒哭)까지 치러지는 온갖 일이나 예식.

(59) 春 ↔ ☐ : 봄과 가을. 또는 어른의 나이를 높여 이르는 말.

(60) ☐ ↔ 入 : 어느 곳을 드나듦.

정답

(51) 朝夕(아침 조/저녁 석)

(52) 祖孫(할아버지 조/손자 손)

(53) 左右(왼 좌/오른 우)

(54) 主客(주인 주/손님 객)

(55) 晝夜(낮 주/밤 야)

(56) 着發(다다를 착/떠날 발)

(57) 天地(하늘 천/땅 지)

(58) 初終(처음 초/끝 종)

(59) 春秋(봄 춘/가을 추)

(60) 出入(날 출/들 입)

61~70　4급Ⅱ 배정한자로 이루어진 반의어 · 상대어

(61) ☐ ↔ 弟 : 형과 아우.

(62) 黑 ↔ ☐ : 검은색과 흰색. 또는 옳고 그름.

(63) ☐ ↔ 減 : 더하거나 더는 일. 또는 그렇게 하여 알맞게 맞추는 일.

(64) ☐ ↔ 鄕 : 서울과 시골.

(65) ☐ ↔ 低 : 높음과 낮음. 또는 높고 낮은 정도.

(66) ☐ ↔ 暗 : 밝음과 어두움. 또는 기쁜 일과 슬픈 일.

(67) ☐ ↔ 武 : 문관과 무관.

(68) ☐ ↔ 常 : 양반과 상사람.

(69) ☐ ↔ 圓 : 모진 것과 둥근 것.

(70) ☐ ↔ 婦 : 남편과 아내.

정답

(61) 兄弟(맏 형/아우 제)

(62) 黑白(검을 흑/흰 백)

(63) 加減(더할 가/덜 감)

(64) 京鄕(서울 경/시골 향)

(65) 高低(높을 고/낮을 저)

(66) 明暗(밝을 명/어두울 암)

(67) 文武(글월 문/군사 무)

(68) 班常(양반 반/상민 상)

(69) 方圓(모 방/둥글 원)

(70) 夫婦(남편 부/아내 부)

71~80　4급Ⅱ 배정한자로 이루어진 반의어 · 상대어

(71) ☐ ↔ 富 : 가난함과 부유함, 가난한 사람과 부유한 사람.

(72) ☐ ↔ 罰 : 상과 벌, 잘한 것에 상을 주고 잘못한 것에 벌을 주는 일.

(73) ☐ ↔ 逆 : 순종과 거역.

(74) ☐ ↔ 誤 : 잘못된 글자나 문구를 바로잡음.

(75) ☐ ↔ 配 : 한군데로 모아서 배달함.

(76) ☐ ↔ 缺 : 출근과 결근.

(77) ☐ ↔ 暖 : 추움과 따뜻함.

(78) 官 ↔ ☐ : 공무원과 민간인.

(79) 得 ↔ ☐ : 얻음과 잃음, 이익과 손해.

(80) 師 ↔ ☐ : 스승과 제자.

정답

(71) 貧富(가난할 빈/부할 부)

(72) 賞罰(상줄 상/벌할 벌)

(73) 順逆(순할 순/거스를 역)

(74) 正誤(바를 정/그르칠 오)

(75) 集配(모을 집/나눌 배)

(76) 出缺(날 출/나오지않을 결)

(77) 寒暖(찰 한/따뜻할 난)

(78) 官民(벼슬 관/백성 민)

(79) 得失(얻을 득/잃을 실)

(80) 師弟(스승 사/제자 제)

81~90 4급Ⅱ 배정한자로 이루어진 반의어 · 상대어

(81) 逆 ↔ ☐ : 거꾸로 된 순서.

(82) 玉 ↔ ☐ : 옥과 돌이라는 뜻으로, 좋은 것과 나쁜 것을 구분함을 이르는 말.

(83) 往 ↔ ☐ : 가고 오고 함. 또는 서로 교제하여 사귐.

(84) 陰 ↔ ☐ : 남녀의 성(性)에 관한 이치.

(85) 將 ↔ ☐ : 장교와 하사관, 사병을 통틀어 이르는 말.

(86) 將 ↔ ☐ : 장수와 병졸.

(87) 豊 ↔ ☐ : 풍년과 흉년.

(88) 虛 ↔ ☐ : 허함과 실함. 또는 참과 거짓.

(89) 興 ↔ ☐ : 잘되어 일어남과 못되어 없어짐.

(90) 斷 ↔ ☐ : 끊었다 이었다 함.

정답

(81) 逆順(거꾸로 역/이을 순)
(82) 玉石(구슬 옥/돌 석)
(83) 往來(갈 왕/올 래)
(84) 陰陽(그늘 음/볕 양)
(85) 將兵(장수 장/병사 병)
(86) 將卒(장수 장/군사 졸)
(87) 豊凶(풍년 풍/흉년들 흉)
(88) 虛實(빌 허/열매 실)
(89) 興亡(흥할 흥/망할 망)
(90) 斷續(끊을 단/이을 속)

91~96 4급Ⅱ 배정한자로 이루어진 반의어 · 상대어

(91) ☐ ↔ 受 : 물품을 주고받음.

(92) 是 ↔ ☐ : 옳음과 그름. 또는 옳고 그름을 따지는 말다툼.

(93) ☐ ↔ 復 : 갔다가 돌아옴.

(94) ☐ ↔ 減 : 많아지거나 적어짐. 또는 늘리거나 줄임.

(95) 眞 ↔ ☐ : 진짜와 가짜.

(96) ☐ ↔ 退 : 앞으로 나아가고 뒤로 물러남.

정답

(91) 授受(줄 수/받을 수)
(92) 是非(옳을 시/그를 비)
(93) 往復(갈 왕/돌아올 복)
(94) 增減(더할 증/덜 감)
(95) 眞假(참 진/거짓 가)
(96) 進退(나아갈 진/물러날 퇴)

97~106 4급Ⅱ 배정한자 / 4급 고유한자로 이루어진 반의어 · 상대어

(97) ☐ ↔ 否 : 옳고 그름, 찬성과 반대.

(98) ☐ ↔ 閉 : 열고 닫음.

(99) ☐ ↔ 負 : 이김과 짐.

(100) ☐ ↔ 危 : 편안함과 위태함.

(101) ☐ ↔ 從 : 주인과 부하. 또는 주장이 되는 사물과 그에 딸린 사물.

(102) ☐ ↔ 散 : 모여들었다 흩어졌다 함.

(103) ☐ ↔ 納 : 돈이나 물품을 내어 주거나 받아들임.

(104) ☐ ↔ 伏 : 세력이나 기세 따위가 성하였다 쇠하였다 함.

(105) ☐ ↔ 易 : 어려움과 쉬움.

(106) ☐ ↔ 迎 : 가는 사람을 보내고 오는 사람을 맞음. 송구영신.

정답

(97) 可否(옳을 가/아닐 부)
(98) 開閉(열 개/닫을 폐)
(99) 勝負(이길 승/질 부)
(100) 安危(편안 안/위태할 위)
(101) 主從(주인 주/따를 종)
(102) 集散(모을 집/흩어질 산)
(103) 出納(날 출/들일 납)
(104) 起伏(일어날 기/굴복할 복)
(105) 難易(어려울 난/쉬울 이)
(106) 送迎(보낼 송/맞을 영)

107~118 　4급 고유한자 / 4급Ⅱ 배정한자로 이루어진 반의어 · 상대어

(107) 甘 ↔ ☐ : 단맛과 쓴맛. 또는 즐거움과 괴로움을 비유함.

(108) 君 ↔ ☐ : 임금과 신하.

(109) 與 ↔ ☐ : 여당과 야당.

(110) 異 ↔ ☐ : 다른 것과 같은 것.

(111) 離 ↔ ☐ : 헤어짐과 모임.

(112) 存 ↔ ☐ : 존속과 멸망. 또는 생존과 사망.

(113) 干 ↔ ☐ : 간조(干潮)와 만조(滿潮).

(114) 攻 ↔ ☐ : 서로 공격하고 방어함.

(115) 攻 ↔ ☐ : 공격과 수비.

(116) 損 ↔ ☐ : 손해와 이익.

(117) 喜 ↔ ☐ : 기쁨과 노여움.

(118) 喜 ↔ ☐ : 기쁨과 슬픔.

정답

(107) 甘苦 (달 감/쓸 고)

(108) 君臣 (임금 군/신하 신)

(109) 與野 (같을 여/성밖 야)

(110) 異同 (다를 이/같을 동)

(111) 離合 (흩어질 리/합할 합)

(112) 存亡 (있을 존/망할 망)

(113) 干滿 (마를 간/찰 만)

(114) 攻防 (칠 공/막을 방)

(115) 攻守 (칠 공/지킬 수)

(116) 損益 (잃을 손/더할 익)

(117) 喜怒 (기쁠 희/성낼 노)

(118) 喜悲 (기쁠 희/슬플 비)

119 　4급 고유한자로 이루어진 반의어 · 상대어

(119) 姉 ↔ ☐ : 여자끼리의 동기(同氣). 언니와 아우. 또는 서로 밀접한 관계에 있거나 친선 관계에 있는 것.

정답

(119) 姉妹 (손윗누이 자/손아랫누이 매)

반의어 · 상대어 Ⅱ

실전유형

❖ 다음 漢字語의 反意語를 漢字로 쓰세요.

(1) 勝利　　敗北
(2) 君子　　小人
(3) 原因　　結果

다음 □ 안에 알맞은 漢字를 쓰세요. (1~84)

1~5　4급Ⅱ 배정한자 ↔ 4급Ⅱ 배정한자

(1) 感情　：어떤 일에 대하여 일어나는 마음이나 느끼는 기분.
　↔ □□　：생각하는 능력을 감각적 능력에 상대하여 이르는 말.

(2) 固定　：한곳에 꼭 붙어 있거나 박혀 있음.
　↔ □□　：이리저리 자주 옮겨 다님.

(3) 國外　：한 나라의 영토 밖.
　↔ □□　：나라의 안.

(4) 來生　：죽은 뒤의 생애.
　↔ □□　：이 세상에 태어나기 이전의 생애.

(5) 多元　：근원이 많음. 또는 그 근원.
　↔ □□　：단일한 근원이나 실체.

정답
(1) 理性(이성)
(2) 流動(유동)
(3) 國內(국내)
(4) 前生(전생)
(5) 一元(일원)

6~10　4급Ⅱ 배정한자 ↔ 4급Ⅱ 배정한자

(6) □□　：마주 대하여 이야기를 주고받음.
　↔ 獨白　：혼잣말.

(7) □□　：입 안에서 장애를 받지 않고 나오는 유성음.
　↔ 子音　：발음 기관에 의하여 장애를 받으면서 나는 소리.

(8) □□　：문장에서만 쓰는 말.
　↔ 口語　：일상적인 대화에서 쓰는 말.

(9) □□　：마음을 다잡지 아니하고 풀어놓아 버림.
　↔ 操心　：잘못이나 실수가 없도록 말이나 행동에 마음을 씀.

(10) □□　：내용이 실속이 없고 충분하지 못함.
　↔ 充實　：내용이 알차고 단단함.

정답
(6) 對話(대화)
(7) 母音(모음)
(8) 文語(문어)
(9) 放心(방심)
(10) 不實(부실)

11~15 4급Ⅱ 배정한자 ↔ 4급Ⅱ 배정한자

(11) 死後　：죽고 난 이후.
　↔ ☐☐ ：살아 있는 동안.

(12) 生産　：인간이 생활하는 데 필요한 각종 물건을 만들어 냄.
　↔ ☐☐ ：돈이나 물자, 시간, 노력 등을 써서 없앰.

(13) 生食　：익히지 아니하고 날로 먹음.
　↔ ☐☐ ：불에 익힌 음식을 먹음.

(14) 善意　：착한 마음이나 좋은 뜻.
　↔ ☐☐ ：나쁜 마음이나 좋지 않은 뜻.

(15) 成功　：목적하는 바를 이룸.
　↔ ☐☐ ：일을 잘못하여 뜻한 대로 되지 아니하거나 그르침.

정답
(11) 生前(생전)
(12) 消費(소비)
(13) 火食(화식)
(14) 惡意(악의)
(15) 失敗(실패)

16~20 4급Ⅱ 배정한자 ↔ 4급Ⅱ 배정한자

(16) 勝利　：겨루어서 이김.
　↔ ☐☐ ：겨루어서 짐.

(17) 原始　：처음 시작된 그대로 있어 발달하지 아니한 상태.
　↔ ☐☐ ：인류가 이룩한 물질적, 기술적, 사회 구조적인 발전.

(18) 原因　：어떤 사물이나 상태를 변화시키거나 일으키게 하는 근본이 된 일이나 사건.
　↔ ☐☐ ：어떤 원인으로 결말이 생김. 또는 그 상태.

(19) 立體　：삼차원의 공간에서 여러 개의 평면이나 곡면으로 둘러싸인 부분.
　↔ ☐☐ ：평평한 표면.

(20) 自動　：기계나 설비 등이 자체 내에 있는 장치에 의해 스스로 작동함.
　↔ ☐☐ ：다른 동력을 이용하지 않고 손의 힘만으로 움직임.

정답
(16) 敗北(패배)
(17) 文明(문명)
(18) 結果(결과)
(19) 平面(평면)
(20) 手動(수동)

21~25 4급Ⅱ 배정한자 ↔ 4급Ⅱ 배정한자

(21) ☐☐ ：자시(子時)의 한가운데, 밤 열두 시.
　↔ 正午 ：낮 열두 시, 곧 태양이 표준 자오선을 지나는 순간.

(22) ☐☐ ：바르고 마땅함.
　↔ 不當 ：이치에 맞지 아니함.

(23) ☐☐ ：꺾이거나 굽은 데가 없는 곧은 선.
　↔ 曲線 ：모나지 아니하고 부드럽게 굽은 선.

(24) ☐☐ ：법령이나 규범에 맞음.
　↔ 不法 ：법에 어긋남.

(25) ☐☐ ：복된 좋은 운수로 생활에서 충분한 만족과 기쁨을 느끼는 상태.
　↔ 不幸 ：행복하지 아니함.

정답
(21) 子正(자정)
(22) 正當(정당)
(23) 直線(직선)
(24) 合法(합법)
(25) 幸福(행복)

26~30　4급Ⅱ 배정한자 ↔ 4급Ⅱ 배정한자

정답

(26) ☐☐ : 이미 지나간 때.
↔ 未來 : 앞으로 올 때.
(27) ☐☐ : 밝고 환함. 또는 밝은 미래나 희망을 상징하는 밝고 환한 빛.
↔ 暗黑 : 어둡고 캄캄함.
(28) ☐☐ : 말로 전함. 또는 말로 전하여 내려옴.
↔ 記錄 : 주로 후일에 남길 목적으로 어떤 사실을 적음.
(29) ☐☐ : 인생이나 사물을 밝고 희망적인 것으로 봄.
↔ 悲觀 : 인생을 어둡게만 보아 슬퍼하거나 절망스럽게 여김.
(30) ☐☐ : 물체의 본바탕.
↔ 精神 : 육체나 물질에 대립되는 영혼이나 마음.

(26) 過去 (과거)
(27) 光明 (광명)
(28) 口傳 (구전)
(29) 樂觀 (낙관)
(30) 物質 (물질)

31~35　4급Ⅱ 배정한자 ↔ 4급Ⅱ 배정한자

정답

(31) 本業 : 주가 되는 직업.
↔ ☐☐ : 본업 외에 여가를 이용하여 갖는 직업.
(32) 生花 : 살아 있는 화초에서 꺾은 진짜 꽃.
↔ ☐☐ : 종이, 천, 비닐 등을 재료로 하여 인공적으로 만든 꽃.
(33) 個別 : 여럿 중에서 하나씩 따로 나뉘어 있는 상태.
↔ ☐☐ : 개개 또는 부분의 집합으로 구성된 것을 몰아 놓은 하나의 대상.
(34) 輕減 : 부담이나 고통 등을 덜어서 가볍게 함.
↔ ☐☐ : 책임이나 부담 등을 더 무겁게 함.
(35) 故意 : 일부러 하는 생각이나 태도.
↔ ☐☐ : 부주의나 태만 등에서 비롯된 잘못이나 허물.

(31) 副業 (부업)
(32) 造花 (조화)
(33) 全體 (전체)
(34) 加重 (가중)
(35) 過失 (과실)

36~40　4급Ⅱ 배정한자 ↔ 4급Ⅱ 배정한자

정답

(36) 空想 : 현실적이지 못하거나 실현될 가망이 없는 것을 막연히 생각함.
↔ ☐☐ : 현재 실제로 존재하는 사실이나 상태.
(37) 求心 : 중심으로 가까워져 옴.
↔ ☐☐ : 중심에서 멀어져 감.
(38) 內容 : 사물의 속내를 이루는 것.
↔ ☐☐ : 사물이 외부로 나타나 보이는 모양.
(39) 非番 : 당번을 설 차례가 아님.
↔ ☐☐ : 어떤 일을 책임지고 돌보는 차례가 됨.
(40) 人爲 : 사람의 힘으로 이루어지는 일.
↔ ☐☐ : 사람의 힘이 더해지지 않고 스스로 존재하거나 저절로 이루어지는 모든 것.

(36) 現實 (현실)
(37) 遠心 (원심)
(38) 形式 (형식)
(39) 當番 (당번)
(40) 自然 (자연)

41~45 **4**급Ⅱ 배정한자 ↔ **4**급Ⅱ 배정한자

(41) **絕對** : 아무런 조건이나 제약이 붙지 아니함.

  ↔ ☐☐ : 다른 것과 관계가 있어서 그것과 떨어져 존재할 수 없는 것.

(42) **增加** : 양이나 수치가 늚. 또는 양이나 수치를 늘림.

  ↔ ☐☐ : 양이나 수치가 줆. 또는 양이나 수치를 줄임.

(43) **高潔** : 성품이 고상하고 순결함.

  ↔ ☐☐ : 품위가 낮고 속됨.

(44) **義務** : 사람으로서 마땅히 하여야 할 일.

  ↔ ☐☐ : 권세와 이익. 타인에 대하여 당연히 요구할 수 있는 힘이나 자격.

(45) **完備** : 빠짐없이 완전히 갖춤.

  ↔ ☐☐ : 아직 다 갖추지 못한 상태에 있음.

정답

(41) 相對 (상대)

(42) 減少 (감소)

(43) 低俗 (저속)

(44) 權利 (권리)

(45) 未備 (미비)

46~50 **4**급Ⅱ 배정한자 ↔ **4**급Ⅱ 배정한자

(46) ☐☐ : 은혜를 저버림.

  ↔ **報恩** : 은혜를 갚음.

(47) ☐☐ : 사회의 변화나 발전을 추구함.

  ↔ **保守** : 보전하여 지킴. 새로운 것이나 변화를 반대하고 전통적인 것을 옹호하며 유지하려 함.

(48) ☐☐ : 나누어서 맡음.

  ↔ **全擔** : 어떤 일이나 비용의 전부를 도맡아 하거나 부담함.

(49) ☐☐ : 적으로 대함.

  ↔ **友好** : 개인끼리나 나라끼리 서로 사이가 좋음.

(50) ☐☐ : 중간에 아무것도 개재시키지 아니하고 바로 연결되는 관계.

  ↔ **間接** : 중간에 매개(媒介)가 되는 사람이나 사물 등을 통하여 맺어지는 관계.

정답

(46) 背恩 (배은)

(47) 進步 (진보)

(48) 分擔 (분담)

(49) 敵對 (적대)

(50) 直接 (직접)

51~55 **4**급Ⅱ 배정한자 ↔ **4**급 배정한자

(51) ☐☐ : 조직이나 단체에 들어가거나 참석함.

  ↔ **脫退** : 관계하고 있던 조직이나 단체 등에서 관계를 끊고 물러남.

(52) ☐☐ : 함께 씀. 또는 그런 물건.

  ↔ **專用** : 남과 공동으로 쓰지 아니하고 혼자서만 씀.

(53) ☐☐ : 무대나 연단에 나옴. 또는 어떤 분야에서 새로운 것이 세상에 처음으로 나옴.

  ↔ **退場** : 어떤 장소에서 물러남.

(54) ☐☐ : 위험이 생기거나 사고가 날 염려가 없음.

  ↔ **危險** : 해로움이나 손실이 생길 우려가 있음.

(55) ☐☐ : 개념이 적용되는 범위에 속하는 사물들이 공통으로 지니는 필연적 성질의 전체.

  ↔ **外延** : 일정한 개념이 적용되는 사물의 전 범위.

정답

(51) 加入 (가입)

(52) 共用 (공용)

(53) 登場 (등장)

(54) 安全 (안전)

(55) 內包 (내포)

56~60　4급Ⅱ 배정한자 ↔ 4급 배정한자

정답

(56) ☐☐ ： 복잡하지 않고 간단함.
↔ 複雜 ： 겹치고 뒤섞여 어수선함.
(57) ☐☐ ： 단 하나로 되어 있음.
↔ 複合 ： 두 가지 이상이 하나로 합쳐짐.
(58) ☐☐ ： 빈틈없이 빽빽하게 모임.
↔ 散在 ： 여기저기 흩어져 있음.
(59) ☐☐ ： 새로운 것이나 변화를 반대하고 전통적인 것을 옹호하며 유지하려 함.
↔ 革新 ： 묵은 풍속, 관습, 조직, 방법 등을 완전히 바꾸어서 새롭게 함.
(60) ☐☐ ： 스스로 앞으로 나아가거나 상황을 개선하려는 기백이 부족하고 비활동적임.
↔ 積極 ： 대상에 대하여 긍정적이고 능동적으로 활동함.

(56) 單純 (단순)
(57) 單一 (단일)
(58) 密集 (밀집)
(59) 保守 (보수)
(60) 消極 (소극)

61~65　4급Ⅱ 배정한자 ↔ 4급 배정한자

정답

(61) ☐☐ ： 일한 결과로 얻은 정신적 · 물질적 이익.
↔ 損失 ： 잃어버리거나 축가서 손해를 봄.
(62) ☐☐ ： 고맙게 베풀어 주는 신세나 혜택.
↔ 怨恨 ： 억울하고 원통한 일을 당하여 응어리진 마음.
(63) ☐☐ ： 특별한 변동이나 탈이 없이 제대로인 상태.
↔ 異常 ： 정상적인 상태와 다름.
(64) ☐☐ ： 기운이나 세력 등이 점점 더하여 가거나 나아감.
↔ 減退 ： 기운이나 세력 등이 줄어 약해짐.
(65) ☐☐ ： 유쾌하고 즐거움.
↔ 苦痛 ： 몸이나 마음의 괴로움과 아픔.

(61) 所得 (소득)
(62) 恩惠 (은혜)
(63) 正常 (정상)
(64) 增進 (증진)
(65) 快樂 (쾌락)

66~70　4급 배정한자 ↔ 4급Ⅱ 배정한자

정답

(66) 苦痛 ： 몸이나 마음의 괴로움과 아픔.
↔ ☐☐ ： 걱정이나 탈이 없음.
(67) 君子 ： 행실이 점잖고 어질며 덕과 학식이 높은 사람.
↔ ☐☐ ： 도량이 좁고 간사한 사람.
(68) 動機 ： 어떤 일이나 행동을 일으키게 하는 계기.
↔ ☐☐ ： 어떤 원인으로 생긴 결말.
(69) 祕密 ： 숨기어 남에게 드러내거나 알리지 말아야 할 일.
↔ ☐☐ ： 어떤 사실이나 사물, 내용 등을 여러 사람에게 널리 터놓음.
(70) 依支 ： 다른 것에 마음을 기대어 도움을 받음.
↔ ☐☐ ： 남에게 예속되거나 의지하지 아니하고 스스로 섬.

(66) 平安 (평안)
(67) 小人 (소인)
(68) 結果 (결과)
(69) 公開 (공개)
(70) 自立 (자립)

71~75 4급 배정한자 ↔ 4급Ⅱ 배정한자

(71) **依他** : 남에게 의지하거나 의뢰(依賴)함.
　　　↔ ☐☐ : 남에게 예속되거나 의지하지 아니하고 스스로 섬.

(72) **差別** : 둘 이상의 대상을 각각 차이를 두어서 구별함.
　　　↔ ☐☐ : 권리, 의무, 자격 등이 차별 없이 고르고 한결같음.

(73) **退院** : 일정 기간 병원에 머물던 환자가 병원에서 나옴.
　　　↔ ☐☐ : 환자가 병을 고치기 위하여 일정한 기간 동안 병원에 들어가 머무는 것.

(74) **好轉** : 일의 형세가 좋은 쪽으로 바뀜.
　　　↔ ☐☐ : 어떤 상태, 성질, 관계 등이 나쁘게 변하여 감.

(75) **巨富** : 대단히 많은 재산. 또는 부자 가운데에서도 특히 큰 부자.
　　　↔ ☐☐ : 몹시 가난함.

정답
(71) 自立 (자립)
(72) 平等 (평등)
(73) 入院 (입원)
(74) 惡化 (악화)
(75) 極貧 (극빈)

76~80 4급 배정한자 ↔ 4급Ⅱ 배정한자

(76) **分離** : 서로 나뉘어 떨어짐. 또는 그렇게 되게 함.
　　　↔ ☐☐ : 둘 이상의 조직이나 기구 따위를 하나로 합침.

(77) **異端** : 전통이나 권위에 반항하는 주장이나 이론.
　　　↔ ☐☐ : 바른 계통.

(78) **質疑** : 의심나거나 모르는 점을 물음.
　　　↔ ☐☐ : 부름이나 물음에 응하여 답함.

(79) **脫黨** : 당원이 자기가 속하여 있던 당을 떠남.
　　　↔ ☐☐ : 어떤 당에 가입함.

(80) **否決** : 의논한 안건을 받아들이지 아니하기로 결정함.
　　　↔ ☐☐ : 회의에서, 제출된 의안을 합당하다고 결정함.

정답
(76) 統合 (통합)
(77) 正統 (정통)
(78) 應答 (응답)
(79) 入黨 (입당)
(80) 可決 (가결)

81~84 4급 배정한자 ↔ 4급 배정한자

(81) **短縮** : 시간이나 거리 등이 짧게 줄어듦.
　　　↔ ☐☐ : 시간이나 거리를 본래보다 길게 늘임.

(82) **別居** : 부부나 한집안 식구가 따로 떨어져 삶.
　　　↔ ☐☐ : 한집이나 한방에서 같이 삶.

(83) **破婚** : 약혼을 깨뜨림.
　　　↔ ☐☐ : 혼인하기로 약속함.

(84) **不況** : 경제 활동이 일반적으로 침체되는 상태.
　　　↔ ☐☐ : 경기(景氣)가 좋음. 또는 그런 상황.

정답
(81) 延長 (연장)
(82) 同居 (동거)
(83) 約婚 (약혼)
(84) 好況 (호황)

동음이의어

실전유형

✤ 다음 單語의 同音異義語를 쓰되, 제시된 뜻을 유념하세요.

(1) 上價 – ( ) : 이익을 얻으려고 물건을 사서 파는 집.　商家
(2) 造化 – ( ) : 서로 잘 어울림.　調和
(3) 領主 – ( ) : 한곳에 오래 삶.　永住

다음 □ 안에 알맞은 漢字를 쓰세요. (1~82)

1~8

(1) □□ : 고마움.
監査 : 감독하고 검사함.

(2) □□ : 한 집안의 살림살이나 형편.
家系 : 대대로 이어 온 한 집안의 계통.
家鷄 : 집에서 기르는 닭.

(3) □□ : 좋은 방향으로 고침.
改選 : 새로 선출함.

(4) □□ : 짧막하게 쓴 편지.
短身 : 작은 키의 몸.
單身 : 혼자의 몸.

(5) □□ : 아주 큰 부자.
拒否 : 승낙하지 않음.

(6) 斷情 : 정을 끊음.
端整 : 깔끔하고 가지런함.
□□ : 몸가짐이 얌전하고 깔끔함.

(7) □□ : 일을 하는 데 드는 비용.
警備 : 미리 살피고 지킴.

(8) □□ : 새 소식을 널리 알림.
步道 : 사람이 다니는 길.
保導 : 보살피며 지도함.

정답
(1) 感謝(감사)
(2) 家計(가계)
(3) 改善(개선)
(4) 短信(단신)
(5) 巨富(거부)
(6) 端正(단정)
(7) 經費(경비)
(8) 報道(보도)

9~16

(9) 古代 : 옛 시대.
□□ : 높고 큼.

(10) 富商 : 자본이 넉넉한 상인.
負傷 : 몸에 상처를 입음.
□□ : 상장 이외의 상품이나 상금.

(11) 校庭 : 학교의 운동장.
□□ : 오자, 배열, 색 등을 바르게 고침.

(12) 否認 : 인정하지 않음.
□□ : 남의 아내를 높여 이르는 말.
婦人 : 결혼한 여자.

(13) 國君 : 나라의 임금.
□□ : 나라의 군대.

(14) □□ : 덕행이 높은 사람.
富者 : 재물이 많아 살림이 넉넉한 사람.
□□ : 아버지와 아들.

(15) 級數 : 우열에 따라 매기는 등급.
□□ : 물을 대어 줌.

(16) 否定 : 그렇지 않다고 함.
不定 : 일정하지 않음.
□□ : 바르지 않음.

정답
(9) 高大(고대)
(10) 副賞(부상)
(11) 校正(교정)
(12) 夫人(부인)
(13) 國軍(국군)
(14) 夫子, 父子(부자)
(15) 給水(급수)
(16) 不正(부정)

17~24

(17)	老兵	: 늙은 병사.
	☐☐	: 늙고 쇠약해지면서 생기는 병.
(18)	事故	: 뜻밖에 일어난 불행한 일.
	☐☐	: 생각하고 궁리함.
	史庫	: 국가의 중요 서적을 보관하던 서고.
(19)	☐☐	: 기이한 사람.
	起因	: 일을 일으키는 원인.
(20)	☐☐	: 씩씩한 기개.
	☐☐	: 역사적 사실을 기록한 책.
	事記	: 사건의 내용을 적은 기록.
(21)	待遇	: 사회적 관계나 태도로 대함.
	☐☐	: 큰비.
(22)	師恩	: 스승의 은혜.
	私恩	: 사사로이 입은 은혜.
	☐☐	: 입은 은혜에 사례함.
(23)	☐☐	: 밤이 가장 긴 절기.
	同志	: 뜻이 서로 같음. 또는 그런 사람.
(24)	☐☐	: 일의 형편이나 까닭.
	査正	: 조사하여 그릇된 것을 바로잡음.
	私情	: 개인의 사사로운 정.

정답

(17) 老病(노병)
(18) 思考(사고)
(19) 奇人(기인)
(20) 士氣, 史記(사기)
(21) 大雨(대우)
(22) 謝恩(사은)
(23) 冬至(동지)
(24) 事情(사정)

25~32

(25)	☐☐	: 사물을 형체 그대로 그림.
	毛絲	: 털실.
(26)	上品	: 질이 좋은 물품.
	商品	: 사고파는 물품.
	☐☐	: 상으로 주는 물품.
(27)	☐☐	: 방으로 출입하는 문.
	訪問	: 어떤 사람을 찾아가서 만남.
(28)	☐☐	: 정해진 법칙이나 의식.
	聖典	: 성인의 언행을 기록한 책. 성경.
	聖戰	: 거룩한 사명을 띤 전쟁.
(29)	☐☐	: 도리에 어긋난 행위.
	飛行	: 하늘을 날아다님.
(30)	水道	: 상수도(上水道)의 준말.
	☐☐	: 나라의 중앙 정부가 있는 도시.
	修道	: 도를 닦음.
(31)	☐☐	: 결혼하여 한 가정을 이룸.
	聖歌	: 성스러운 노래.
(32)	☐☐	: 시의 행정을 보는 청사.
	視聽	: 눈으로 보고 귀로 들음.
	試聽	: 시험 삼아 들어봄.

정답

(25) 模寫(모사)
(26) 賞品(상품)
(27) 房門(방문)
(28) 成典(성전)
(29) 非行(비행)
(30) 首都(수도)
(31) 成家(성가)
(32) 市廳(시청)

33~40

(33)	試圖	: 시험 삼아 꾀하여 봄.
	☐☐	: 행정 단위.
(34)	信否	: 믿는 일과 못 믿는 일.
	☐☐	: 사제 서품을 받은 성직자.
	新婦	: 갓 결혼한 여자.
(35)	☐☐	: 사물을 영사막에 비추어 보이는 것.
	榮華	: 권력과 부귀를 누리는 것.
(36)	異姓	: 다른 성.
	異性	: 성(性)이 다름.
	☐☐	: 이치를 논리적으로 판단하는 것.
(37)	乳道	: 젖이 나오는 분비샘.
	☐☐	: 유교의 도.
(38)	印象	: 대상이 마음에 새겨지는 느낌.
	引上	: 값을 끌어 올림.
	☐☐	: 사람 얼굴의 생김새.
(39)	早死	: 일찍 죽음. 요절.
	☐☐	: 조정의 사신.
(40)	將器	: 장수가 될 만한 인재.
	☐☐	: 오랜 기간.
	☐☐	: 가장 잘하는 재주.

정답

(33) 市道(시도)
(34) 神父(신부)
(35) 映畫(영화)
(36) 理性(이성)
(37) 儒道(유도)
(38) 人相(인상)
(39) 朝使(조사)
(40) 長期, 長技(장기)

41~48

(41) 晝間	: 낮 동안.
□□	: 한 주일 동안.
(42) 全市	: 시(市)의 전체.
□□	: 전쟁을 하고 있는 때.
□□	: 물품을 한곳에 벌여 놓고 보임.
(43) □□	: 선천적으로 타고난 재주.
天災	: 자연의 변화로 일어난 재난.
(44) 政府	: 국가의 정책을 집행하는 행정부.
□□	: 바름과 바르지 아니함.
情夫	: 몰래 정을 통한 남자.

(45) □□	: 어떤 계통의 첫 번째 사람.
招待	: 모임에 참가해 줄 것을 청함.
(46) □□	: 서로 잘 어울림.
造花	: 종이나 헝겊으로 만든 꽃.
造化	: 대자연의 이치.
(47) 秋收	: 가을걷이.
□□	: 가을철의 맑은 물.
(48) □□	: 어떤 일정한 구역.
□□	: 인류가 살고 있는 천체.
知舊	: 오랜 친구.

정답
(41) 週間(주간)
(42) 戰時, 展示(전시)
(43) 天才(천재)
(44) 正否(정부)
(45) 初代(초대)
(46) 調和(조화)
(47) 秋水(추수)
(48) 地區, 地球(지구)

49~56

(49) □□	: 축하를 뜻하는 말이나 글.
縮寫	: 원형보다 작게 줄여 베낌.
(50) □□	: 나타나 보이는 현재의 상태.
賢相	: 어진 재상.
現象	: 지각할 수 있는 사물의 모양.
(51) □□	: 남의 힘.
打力	: 타자가 공을 때리는 힘이나 능력.
(52) 火具	: 불을 켜는 도구.
□□	: 불을 뿜는 입구.
□□	: 그림 그리는 여러 도구.

(53) 探求	: 필요한 것을 조사하여 찾아냄.
□□	: 진리를 파고들어 깊이 연구함.
(54) □□	: 뜻을 깨달음.
會議	: 여럿이 모여 의논함.
回議	: 관계자들에게 동의를 구함.
(55) □□	: 아주 오랜 옛날.
太高	: 매우 높음.
(56) □□	: 본문 뒤에 덧붙여 기록함.
後氣	: 참고 버티어 가는 힘.
□□	: 뒤의 기간.

정답
(49) 祝辭(축사)
(50) 現狀(현상)
(51) 他力(타력)
(52) 火口, 畫具(화구)
(53) 探究(탐구)
(54) 會意(회의)
(55) 太古(태고)
(56) 後記, 後期(후기)

57~61

(57) 同期	: 같은 시기.
冬期	: 겨울철.
□□	: 형제자매를 통틀어 이르는 말.
銅器	: 구리로 만든 그릇.
(58) □□	: 동창.
□□	: 동쪽에 있는 문.
洞門	: 동굴 입구.
同文	: 같은 글자나 글.
(59) □□	: 매우 잘 지은 글.
名聞	: 세상에 나 있는 좋은 소문.

□□	: 훌륭한 집안.
明文	: 글로 명백히 기록된 문구.
(60) 武器	: 전쟁에 사용되는 기구.
武技	: 무도에 관한 재주.
□□	: 기한이 없음.
無機	: 생명을 지니고 있지 않음.
(61) □□	: 남이 하기 전에 앞질러 하는 행동.
□□	: 운동 경기에서 대표로 뽑힌 사람.
善手	: 솜씨가 남보다 뛰어난 사람.
船首	: 뱃머리.

정답
(57) 同氣(동기)
(58) 同門, 東門(동문)
(59) 名文, 名門(명문)
(60) 無期(무기)
(61) 先手, 選手(선수)

62~66

(62) ☐☐ : 물의 위.
受傷 : 상처를 받음.
手相 : 손금.
☐☐ : 내각의 우두머리.

(63) 樣式 : 자연히 그렇게 정해진 형식.
洋式 : 서양식(西洋式)의 준말.
糧食 : 생활에 필요한 먹을거리.
☐☐ : 뛰어난 식견이나 건전한 판단.

(64) 逆轉 : 형세가 뒤집혀짐.
逆戰 : 역습하여 싸움.

☐☐ : 대대로 전해져 옴.
☐☐ : 힘을 다하여 싸움.

(65) ☐☐ : 무엇을 하고자 하는 생각.
義士 : 의리와 지조를 굳게 지킨 사람.
議事 : 회사에서 일을 논의함.
醫師 : 병을 고치는 사람.

(66) ☐☐ : 한 사람의 일생을 적은 기록.
前期 : 앞의 시기.
☐☐ : 전자 이동에 의한 에너지의 한 형태.
轉機 : 전환점이 되는 기회나 시기.

정답

(62) 水上, 首相 (수상)
(63) 良識 (양식)
(64) 歷傳, 力戰 (역전)
(65) 意思 (의사)
(66) 傳記, 電氣 (전기)

67~73

(67) ☐☐ : 주인의 집.
住家 : 사람이 사는 집.
酒價 : 술값.
酒家 : 술집.

(68) 統管 : 여러 부문을 통일하여 관할함.
通觀 : 전체에 걸쳐서 한 번 쭉 내다봄.
☐☐ : 꿰뚫어 환히 살핌.
☐☐ : 세관을 통과하는 일.

(69) 布貨 : 화폐로 사용하던 베.
☐☐ : 총포를 쏠 때 일어나는 불.

(70) ☐☐ : 평온하게 진정시킴.
☐☐ : 공평하고 올바름.
平靜 : 평안하고 고요함.
評定 : 평의하여 결정함.

(71) 必死 : 반드시 죽음. 죽음을 각오함.
☐☐ : 베껴 씀.

(72) ☐☐ : 낮은 재주나 솜씨.
河水 : 강물이나 냇물.

(73) ☐☐ : 서로 섞여서 이루어짐.
混聲 : 뒤섞인 소리.

정답

(67) 主家 (주가)
(68) 洞觀, 通關 (통관)
(69) 砲火 (포화)
(70) 平定, 平正 (평정)
(71) 筆寫 (필사)
(72) 下手 (하수)
(73) 混成 (혼성)

74~77

(74) 小腸 : 작은 창자.
少壯 : 젊고 기운참.
☐☐ : 젊은이와 늙은이.
少將 : 중장 아래 군인 계급.
☐☐ : 소(所)자가 붙은 기관의 책임자.

(75) 中指 : 가운뎃손가락.
衆志 : 여러 사람의 생각이나 의지.
衆智 : 여러 사람의 지혜.
☐☐ : 일을 중도에서 그만둠.
重地 : 아주 중요한 땅.

(76) 和氣 : 따스하고 화창한 기온.
火器 : 화약 병기나 불을 담는 도구.
☐☐ : 불기운.
☐☐ : 꽃피는 시기.
花器 : 꽃꽂이 그릇.

(77) 電工 : 전기 공업의 줄임말.
☐☐ : 모든 공로나 공적.
專攻 : 한 분야를 전문적으로 연구함.
前功 : 이전에 세운 공로나 공적.
☐☐ : 전투에서 세운 공로.

정답

(74) 少長, 所長 (소장)
(75) 中止 (중지)
(76) 火氣, 花期 (화기)
(77) 全功, 戰功 (전공)

78~82

(78) 戰線 : 교전 중, 보병이 형성한 선.
□□ : 전기가 통하도록 만든 금속선.
戰船 : 해전에 쓰이는 배.
全線 : 철도의 모든 선로.
□□ : 직접 뛰어든 일정한 활동 분야.

(79) 情事 : 남녀간 사랑에 관한 일.
情思 : 남녀가 서로 사랑하는 마음.
靜思 : 조용히 생각함.
政事 : 정치에 관한 일.
□□ : 정확한 사실을 편찬한 역사.

(80) 好期 : 꼭 좋은 시기.
好奇 : 신기한 것에 흥미를 가짐.
好機 : 좋은 기회.
□□ : 신호로 쓰는 기.
呼氣 : 기운을 내뿜음.

(81) 火兵 : 지난날 군에서 밥 짓던 군사.
□□ : 울화병.

(82) 厚待 : 후하게 대접함.
□□ : 뒤에 오는 세대나 시대.
後隊 : 후방의 부대.

정답

(78) 電線, 前線(전선)

(79) 正史(정사)

(80) 號旗(호기)

(81) 火病(화병)

(82) 後代(후대)

쉬어가기-한자 퍼즐

가로

3. 말의 귀에 부는 동풍이라는 뜻으로, 남의 말을 귀담아듣지 아니하고 흘려버림을 이르는 말.
6. 뜻밖에 일어난 불행한 일.
7. 이제까지 들어본 적이 없는 일.
9. 서늘한 가을밤은 등불을 가까이 하여 글 읽기에 좋음을 이르는 말.
11. 1815년 3월 엘바 섬을 탈출한 나폴레옹이 파리에 들어가 제정(帝政)을 부활한 후부터 워털루 전투에서 패배하여 퇴위할 때까지 약 100일간의 지배.
13. 먼저 재임하였던 벼슬아치. _____ 이 명관이다.
15. 맑은 거울과 고요한 물.

세로

1. 대말을 타고 놀던 벗이라는 뜻으로, 어릴 때부터 같이 놀며 자란 벗.
2. 강원도에서 대관령 동쪽에 있는 지역을 이르는 말. 영동.
4. 바람 앞의 등불이라는 뜻으로, 사물이 매우 위태로운 처지에 놓여 있음을 비유하는 말.
5. 어떤 문제에 대해 입법 및 행정상의 결정을 내리기에 앞서 관계인들의 의견 수집을 위해 여는 모임.
8. 백(百)을 바라본다는 뜻으로, 나이 아흔 살을 이르는 말.
9. 등잔 밑이 어둡다는 뜻으로, 가까이에 있는 물건이나 사람을 잘 찾지 못함을 이르는 말.
10. 가깝게 오래 사귄 사람.
12. 월요일을 기준으로 하였을 때에, 한 주의 마지막 날.
14. 움직이고 있던 것이 멎거나 그침. 또는 중도에서 멎거나 그치게 함.

정답

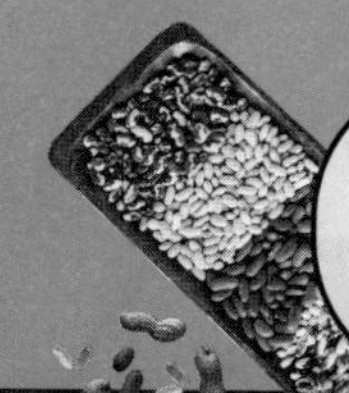

틀리기 쉬운 부수

실전유형

✠ 다음 漢字의 部首를 쓰세요.

(1) 壯　士
(2) 舌　舌
(3) 腸　肉

다음 □ 안에 漢字의 部首를 쓰세요. (1~120)

1~20

(1) 最 - □	(가장 최)	(11) 會 - □	(모일 회)
(2) 幸 - □	(다행 행)	(12) 典 - □	(법 전)
(3) 孝 - □	(효도 효)	(13) 九 - □	(아홉 구)
(4) 單 - □	(홑 단)	(14) 事 - □	(일 사)
(5) 以 - □	(써 이)	(15) 史 - □	(역사 사)
(6) 主 - □	(주인 주)	(16) 化 - □	(될 화)
(7) 聖 - □	(성인 성)	(17) 兩 - □	(두 량)
(8) 武 - □	(호반 무)	(18) 卒 - □	(마칠 졸)
(9) 卓 - □	(높을 탁)	(19) 五 - □	(다섯 오)
(10) 威 - □	(위엄 위)	(20) 炭 - □	(숯 탄)

정답

(1) 日(가로 왈)	(11) 日(가로 왈)
(2) 干(방패 간)	(12) 八(여덟 팔)
(3) 子(아들 자)	(13) 乙(새 을)
(4) 口(입 구)	(14) 亅(갈고리 궐)
(5) 人(사람 인)	(15) 口(입 구)
(6) 丶(점 주)	(16) 匕(비수 비)
(7) 耳(귀 이)	(17) 入(들 입)
(8) 止(그칠 지)	(18) 十(열 십)
(9) 十(열 십)	(19) 二(두 이)
(10) 女(계집 녀)	(20) 火(불 화)

21~40

(21) 初 - □	(처음 초)	(31) 取 - □	(가질 취)
(22) 來 - □	(올 래)	(32) 冊 - □	(책 책)
(23) 母 - □	(어미 모)	(33) 商 - □	(장사 상)
(24) 元 - □	(으뜸 원)	(34) 申 - □	(납 신)
(25) 畫 - □	(그림 화)	(35) 正 - □	(바를 정)
(26) 條 - □	(가지 조)	(36) 命 - □	(목숨 명)
(27) 內 - □	(안 내)	(37) 出 - □	(날 출)
(28) 六 - □	(여섯 륙)	(38) 字 - □	(글자 자)
(29) 眞 - □	(참 진)	(39) 前 - □	(앞 전)
(30) 再 - □	(두 재)	(40) 加 - □	(더할 가)

정답

(21) 刀(칼 도)	(31) 又(또 우)
(22) 人(사람 인)	(32) 冂(멀 경)
(23) 毋(말 무)	(33) 口(입 구)
(24) 儿(어진사람 인)	(34) 田(밭 전)
(25) 田(밭 전)	(35) 止(그칠 지)
(26) 木(나무 목)	(36) 口(입 구)
(27) 入(들 입)	(37) 凵(입벌릴 감)
(28) 八(여덟 팔)	(38) 子(아들 자)
(29) 目(눈 목)	(39) 刀(칼 도)
(30) 冂(멀 경)	(40) 力(힘 력)

41~60

(41) 千 − ☐	(일천 천)	(51) 吉 − ☐	(길할 길)
(42) 報 − ☐	(갚을 보)	(52) 反 − ☐	(돌아올 반)
(43) 半 − ☐	(반 반)	(53) 勝 − ☐	(이길 승)
(44) 北 − ☐	(북녘 북)	(54) 古 − ☐	(예 고)
(45) 務 − ☐	(힘쓸 무)	(55) 墓 − ☐	(무덤 묘)
(46) 全 − ☐	(온전 전)	(56) 受 − ☐	(받을 수)
(47) 南 − ☐	(남녘 남)	(57) 壯 − ☐	(장할 장)
(48) 充 − ☐	(채울 충)	(58) 夜 − ☐	(밤 야)
(49) 占 − ☐	(점칠 점)	(59) 奉 − ☐	(받들 봉)
(50) 卵 − ☐	(알 란)	(60) 委 − ☐	(맡길 위)

정답

(41) 十(열 십)	(51) 口(입 구)
(42) 土(흙 토)	(52) 又(또 우)
(43) 十(열 십)	(53) 力(힘 력)
(44) 匕(비수 비)	(54) 口(입 구)
(45) 力(힘 력)	(55) 土(흙 토)
(46) 入(들 입)	(56) 又(또 우)
(47) 十(열 십)	(57) 士(선비 사)
(48) 儿(어진사람 인)	(58) 夕(저녁 석)
(49) 卜(점 복)	(59) 大(큰 대)
(50) 卩(병부 절)	(60) 女(계집 녀)

61~80

(61) 與 − ☐	(줄 여)	(71) 式 − ☐	(법 식)
(62) 周 − ☐	(두루 주)	(72) 慶 − ☐	(경사 경)
(63) 季 − ☐	(계절 계)	(73) 異 − ☐	(다를 이)
(64) 射 − ☐	(쏠 사)	(74) 成 − ☐	(이룰 성)
(65) 巨 − ☐	(클 거)	(75) 承 − ☐	(이을 승)
(66) 氷 − ☐	(얼음 빙)	(76) 量 − ☐	(헤아릴 량)
(67) 泉 − ☐	(샘 천)	(77) 晝 − ☐	(낮 주)
(68) 席 − ☐	(자리 석)	(78) 曲 − ☐	(굽을 곡)
(69) 年 − ☐	(해 년)	(79) 業 − ☐	(업 업)
(70) 弟 − ☐	(아우 제)	(80) 次 − ☐	(버금 차)

정답

(61) 臼(절구 구)	(71) 弋(주살 익)
(62) 口(입 구)	(72) 心(마음 심)
(63) 子(아들 자)	(73) 田(밭 전)
(64) 寸(마디 촌)	(74) 戈(창 과)
(65) 工(장인 공)	(75) 手(손 수)
(66) 水(물 수)	(76) 里(마을 리)
(67) 水(물 수)	(77) 日(날 일)
(68) 巾(수건 건)	(78) 日(가로 왈)
(69) 干(방패 간)	(79) 木(나무 목)
(70) 弓(활 궁)	(80) 欠(하품 흠)

81~100

(81) 歸 − ☐	(돌아갈 귀)	(91) 疑 − ☐	(의심할 의)
(82) 每 − ☐	(매양 매)	(92) 直 − ☐	(곧을 직)
(83) 更 − ☐	(고칠 경/다시 갱)	(93) 穀 − ☐	(곡식 곡)
(84) 民 − ☐	(백성 민)	(94) 書 − ☐	(글 서)
(85) 求 − ☐	(구할 구)	(95) 聞 − ☐	(들을 문)
(86) 然 − ☐	(그럴 연)	(96) 肅 − ☐	(엄숙할 숙)
(87) 天 − ☐	(하늘 천)	(97) 能 − ☐	(능할 능)
(88) 狀 − ☐	(형상 상)	(98) 豫 − ☐	(미리 예)
(89) 甲 − ☐	(갑옷 갑)	(99) 歷 − ☐	(지날 력)
(90) 災 − ☐	(재앙 재)	(100) 愛 − ☐	(사랑 애)

정답

(81) 止(그칠 지)	(91) 疋(필 필/발 소)
(82) 毋(말 무)	(92) 目(눈 목)
(83) 日(가로 왈)	(93) 禾(벼 화)
(84) 氏(성 씨)	(94) 日(가로 왈)
(85) 水(물 수)	(95) 耳(귀 이)
(86) 火(불 화)	(96) 聿(붓 율)
(87) 大(큰 대)	(97) 肉(고기 육)
(88) 犬(개 견)	(98) 豕(돼지 시)
(89) 田(밭 전)	(99) 止(그칠 지)
(90) 火(불 화)	(100) 心(마음 심)

101~120

(101) 舊 － ☐	(예 구)		(111) 重 － ☐	(무거울 중)
(102) 夫 － ☐	(지아비 부)		(112) 集 － ☐	(모을 집)
(103) 興 － ☐	(일 흥)		(113) 順 － ☐	(순할 순)
(104) 衛 － ☐	(지킬 위)		(114) 鳴 － ☐	(울 명)
(105) 將 － ☐	(장수 장)		(115) 問 － ☐	(물을 문)
(106) 危 － ☐	(위태할 위)		(116) 協 － ☐	(화할 협)
(107) 視 － ☐	(볼 시)		(117) 筋 － ☐	(힘줄 근)
(108) 象 － ☐	(코끼리 상)		(118) 街 － ☐	(거리 가)
(109) 失 － ☐	(잃을 실)		(119) 男 － ☐	(사내 남)
(110) 酒 － ☐	(술 주)		(120) 壓 － ☐	(누를 압)

정답

(101) 臼(절구 구)	(111) 里(마을 리)
(102) 大(큰 대)	(112) 隹(새 추)
(103) 臼(절구 구)	(113) 頁(머리 혈)
(104) 行(다닐 행)	(114) 鳥(새 조)
(105) 寸(마디 촌)	(115) 口(입 구)
(106) 卩(병부 절)	(116) 十(열 십)
(107) 見(볼 견)	(117) 竹(대 죽)
(108) 豕(돼지 시)	(118) 行(다닐 행)
(109) 大(큰 대)	(119) 田(밭 전)
(110) 酉(닭 유)	(120) 土(흙 토)

쉬어가기 - 한자 퍼즐

가로

2. 바람, 여자, 돌의 세 가지가 많은 섬이라는 뜻으로, 제주도를 이르는 말.
4. 하늘을 숭배하고 인간을 사랑함.
7. 죽고 삶을 돌보지 않고 끝장을 내려고 함.
8. 어떤 방위(方位)를 향한 쪽.
9. 사람으로서 마땅히 지키고 행하여야 할 도리나 본분.
11. 학교에서 교육 과정에 따라 주된 교재로 사용하기 위하여 편찬한 책.
12. 한자를 부수와 획수에 따라 배열하고, 그 음과 뜻을 적은 책. 자전(字典).
13. 학교 교육 과정에서 교과 학습 이외의 교육 활동.
15. 칠판에 글씨를 쓰는 필기구.
16. 과일, 꽃, 화병 등의 스스로 움직이지 못하는 물체들을 놓고 그린 그림.

세로

1. 우리 나라의 건국을 기념하는 국경일. 10월 3일.
3. 회의에서 많은 사람의 의견에 따라 안건의 가부를 결정하는 일.
5. 사람은 죽어서 이름을 남긴다는 말.
6. 기원전 3세기 무렵 인도에서 발달하여 한국, 중국, 일본에 퍼진 불교. 대승 불교가 중심.
9. 신문 등의 출판물에서 어떤 기사에 큰 비중을 두어 다룸을 이르는 말.
10. 영사 시간 40분 이하의 짧은 영화.
14. 물질의 운동과 정지. 일이나 현상이 벌어지고 있는 낌새.

속자 · 약자

실전유형

✖ 다음 漢字의 略字(약자:획수를 줄인 漢字)를 쓰세요.

(1) 國　国
(2) 發　発
(3) 戰　战

다음 □ 안에 漢字의 略字를 쓰세요. (1~135)

1~20

		정답	
(1) 假 － □ （거짓 가, 4급Ⅱ）	(11) 堅 － □ （굳을 견, 4급）	(1) 仮	(11) 堅
(2) 價 － □ （값 가, 5급）	(12) 缺 － □ （이지러질 결, 4급Ⅱ）	(2) 価	(12) 欠
(3) 暇 － □ （겨를 가, 4급）	(13) 經 － □ （지날 경, 4급Ⅱ）	(3) 暇	(13) 経
(4) 覺 － □ （깨달을 각, 4급）	(14) 輕 － □ （가벼울 경, 5급）	(4) 覚	(14) 軽
(5) 監 － □ （볼 감, 4급Ⅱ）	(15) 繼 － □ （이을 계, 4급）	(5) 監	(15) 継
(6) 據 － □ （의거할 거, 4급）	(16) 觀 － □ （볼 관, 5급）	(6) 拠	(16) 観
(7) 擧 － □ （들 거, 5급）	(17) 關 － □ （관계할 관, 5급）	(7) 挙	(17) 関
(8) 傑 － □ （준걸 걸, 4급）	(18) 廣 － □ （넓을 광, 5급）	(8) 杰	(18) 広
(9) 儉 － □ （검소할 검, 4급）	(19) 鑛 － □ （쇳돌 광, 4급）	(9) 倹	(19) 鉱
(10) 檢 － □ （검사할 검, 4급Ⅱ）	(20) 區 － □ （구분할 구, 6급）	(10) 検	(20) 区

21~40

		정답	
(21) 舊 － □ （예 구, 5급）	(31) 當 － □ （마땅 당, 5급）	(21) 旧	(31) 当
(22) 國 － □ （나라 국, 8급）	(32) 黨 － □ （무리 당, 4급Ⅱ）	(22) 国	(32) 党
(23) 勸 － □ （권할 권, 4급）	(33) 對 － □ （대할 대, 6급）	(23) 効	(33) 対
(24) 權 － □ （권세 권, 4급Ⅱ）	(34) 圖 － □ （그림 도, 6급）	(24) 権	(34) 図
(25) 歸 － □ （돌아갈 귀, 4급）	(35) 獨 － □ （홀로 독, 5급）	(25) 帰	(35) 独
(26) 氣 － □ （기운 기, 7급）	(36) 讀 － □ （읽을 독, 6급）	(26) 気	(36) 読
(27) 單 － □ （홑 단, 4급Ⅱ）	(37) 同 － □ （같을 동, 7급）	(27) 単	(37) 仝
(28) 團 － □ （둥글 단, 5급）	(38) 燈 － □ （등 등, 4급Ⅱ）	(28) 団	(38) 灯
(29) 斷 － □ （끊을 단, 4급Ⅱ）	(39) 樂 － □ （즐거울 락, 6급）	(29) 断	(39) 楽
(30) 擔 － □ （멜 담, 4급Ⅱ）	(40) 亂 － □ （어지러울 란, 4급）	(30) 担	(40) 乱

41~60

(41) 覽 − ☐	(볼 람, 4급)		(51) 賣 − ☐	(팔 매, 5급)			정답	
(42) 來 − ☐	(올 래, 7급)		(52) 脈 − ☐	(맥 맥, 4급Ⅱ)		(41) 覚	(51) 売
(43) 兩 − ☐	(두 량, 4급Ⅱ)		(53) 無 − ☐	(없을 무, 5급)		(42) 来	(52) 脉
(44) 麗 − ☐	(고울 려, 4급Ⅱ)		(54) 發 − ☐	(필 발, 6급)		(43) 両	(53) 无
(45) 禮 − ☐	(예도 례, 6급)		(55) 變 − ☐	(변할 변, 5급)		(44) 麗	(54) 発
(46) 勞 − ☐	(일할 로, 5급)		(56) 邊 − ☐	(가 변, 4급Ⅱ)		(45) 礼	(55) 変
(47) 龍 − ☐	(용 룡, 4급)		(57) 寶 − ☐	(보배 보, 4급Ⅱ)		(46) 労	(56) 辺
(48) 離 − ☐	(떠날 리, 4급)		(58) 佛 − ☐	(부처 불, 4급Ⅱ)		(47) 竜	(57) 宝
(49) 滿 − ☐	(가득할 만, 4급Ⅱ)		(59) 寫 − ☐	(베낄 사, 5급)		(48) 离	(58) 仏
(50) 萬 − ☐	(일만 만, 8급)		(60) 師 − ☐	(스승 사, 4급Ⅱ)		(49) 満	(59) 写
						(50) 万	(60) 师

61~80

(61) 絲 − ☐	(실 사, 4급)		(71) 實 − ☐	(열매 실, 5급)			정답	
(62) 辭 − ☐	(말씀 사, 4급)		(72) 兒 − ☐	(아이 아, 5급)		(61) 糸	(71) 実
(63) 狀 − ☐	(형상 상, 4급Ⅱ)		(73) 惡 − ☐	(악할 악, 5급)		(62) 辞	(72) 児
(64) 聲 − ☐	(소리 성, 4급Ⅱ)		(74) 壓 − ☐	(누를 압, 4급Ⅱ)		(63) 状	(73) 悪
(65) 世 − ☐	(세상 세, 7급)		(75) 藥 − ☐	(약 약, 6급)		(64) 声	(74) 圧
(66) 屬 − ☐	(붙일 속, 4급)		(76) 與 − ☐	(더불 여, 4급)		(65) 卋	(75) 薬
(67) 續 − ☐	(이을 속, 4급Ⅱ)		(77) 餘 − ☐	(남을 여, 4급Ⅱ)		(66) 属	(76) 与
(68) 收 − ☐	(거둘 수, 4급Ⅱ)		(78) 硏 − ☐	(갈 연, 4급Ⅱ)		(67) 続	(77) 余
(69) 數 − ☐	(셈 수, 7급)		(79) 榮 − ☐	(영화 영, 4급Ⅱ)		(68) 収	(78) 研
(70) 肅 − ☐	(엄숙할 숙, 4급)		(80) 營 − ☐	(경영할 영, 4급)		(69) 数	(79) 栄
						(70) 肃	(80) 営

81~100

(81) 藝 − ☐	(재주 예, 4급Ⅱ)		(91) 壯 − ☐	(장할 장, 4급)			정답	
(82) 豫 − ☐	(미리 예, 4급)		(92) 將 − ☐	(장수 장, 4급Ⅱ)		(81) 芸	(91) 壮
(83) 員 − ☐	(인원 원, 4급Ⅱ)		(93) 裝 − ☐	(꾸밀 장, 4급)		(82) 予	(92) 将
(84) 圍 − ☐	(에울 위, 4급)		(94) 獎 − ☐	(장려할 장, 4급)		(83) 貟	(93) 装
(85) 爲 − ☐	(할 위, 4급Ⅱ)		(95) 災 − ☐	(재앙 재, 5급)		(84) 囲	(94) 奨
(86) 隱 − ☐	(숨을 은, 4급)		(96) 爭 − ☐	(다툴 쟁, 5급)		(85) 為	(95) 灾
(87) 應 − ☐	(응할 응, 4급Ⅱ)		(97) 傳 − ☐	(전할 전, 5급)		(86) 隠	(96) 争
(88) 醫 − ☐	(의원 의, 6급)		(98) 戰 − ☐	(싸울 전, 6급)		(87) 応	(97) 伝
(89) 殘 − ☐	(남을 잔, 4급)		(99) 轉 − ☐	(구를 전, 4급)		(88) 医	(98) 戦
(90) 雜 − ☐	(섞일 잡, 4급)		(100) 錢 − ☐	(돈 전, 4급)		(89) 残	(99) 転
						(90) 雑	(100) 銭

101~120

(101) 點 — ☐ (점 점, 4급)	(111) 質 — ☐ (바탕 질, 5급)	
(102) 定 — ☐ (정할 정, 6급)	(112) 參 — ☐ (참여할 참, 5급)	
(103) 濟 — ☐ (건널 제, 4급Ⅱ)	(113) 處 — ☐ (곳 처, 4급Ⅱ)	
(104) 條 — ☐ (가지 조, 4급)	(114) 鐵 — ☐ (쇠 철, 5급)	
(105) 卒 — ☐ (군사 졸, 5급)	(115) 廳 — ☐ (관청 청, 4급)	
(106) 從 — ☐ (따를 종, 4급)	(116) 聽 — ☐ (들을 청, 4급)	
(107) 晝 — ☐ (낮 주, 6급)	(117) 體 — ☐ (몸 체, 6급)	
(108) 證 — ☐ (증거 증, 4급)	(118) 總 — ☐ (거느릴 총, 4급Ⅱ)	
(109) 珍 — ☐ (보배 진, 4급)	(119) 蟲 — ☐ (벌레 충, 4급Ⅱ)	
(110) 盡 — ☐ (다할 진, 4급)	(120) 齒 — ☐ (이 치, 4급Ⅱ)	

정답

(101) 点	(111) 盾
(102) 㝎	(112) 參
(103) 済	(113) 処
(104) 条	(114) 鉄
(105) 卒	(115) 庁
(106) 从	(116) 聴
(107) 昼	(117) 体
(108) 証	(118) 総
(109) 珎	(119) 虫
(110) 尽	(120) 歯

121~135

(121) 稱 — ☐ (일컬을 칭, 4급)	(129) 賢 — ☐ (어질 현, 4급Ⅱ)	
(122) 彈 — ☐ (탄알 탄, 4급)	(130) 顯 — ☐ (나타날 현, 4급)	
(123) 擇 — ☐ (가릴 택, 4급)	(131) 號 — ☐ (이름 호, 6급)	
(124) 學 — ☐ (배울 학, 8급)	(132) 畫 — ☐ (그림 화, 6급)	
(125) 解 — ☐ (풀 해, 4급Ⅱ)	(133) 歡 — ☐ (기쁠 환, 4급)	
(126) 虛 — ☐ (빌 허, 4급Ⅱ)	(134) 會 — ☐ (모일 회, 6급)	
(127) 險 — ☐ (험할 험, 4급)	(135) 興 — ☐ (일 흥, 4급Ⅱ)	
(128) 驗 — ☐ (시험할 험, 4급Ⅱ)		

정답

(121) 称	(129) 贤
(122) 弹	(130) 顕
(123) 択	(131) 号
(124) 学	(132) 画
(125) 解	(133) 欢
(126) 虚	(134) 会
(127) 险	(135) 兴
(128) 騐	

국가공인 한자능력검정시험 예상문제집 4급

실전예상문제

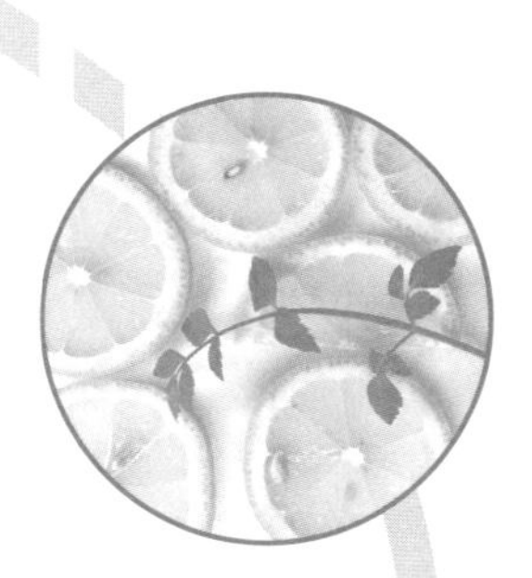

4급 실전예상문제 01회

제한시간 **50**분

1 다음 漢字語의 讀音을 쓰세요. (1~30)

(1) 兵丁   (2) 勞困
(3) 鑛泉   (4) 繼續
(5) 破鏡   (6) 恨歎
(7) 占有   (8) 珍奇
(9) 講座   (10) 郵送
(11) 批答   (12) 牛乳
(13) 採擇   (14) 依舊
(15) 禮儀   (16) 構文
(17) 寄與   (18) 脫出
(19) 干潮   (20) 採用
(21) 答辯   (22) 標本
(23) 逃散   (24) 聽衆
(25) 筋骨   (26) 協助
(27) 液化   (28) 指向
(29) 暖房   (30) 接着

2 다음 漢字의 訓과 音을 쓰세요. (31~52)

(31) 閉   (32) 糧
(33) 持   (34) 刻
(35) 管   (36) 怨
(37) 盜   (38) 圍
(39) 看   (40) 錢
(41) 討   (42) 否
(43) 頌   (44) 範
(45) 姿   (46) 遺
(47) 核   (48) 閑

(49) 層   (50) 歸
(51) 機   (52) 遊

3 다음 글에서 밑줄 친 單語 중 한글 표기는 漢字로, 漢字 표기는 한글로 고쳐 쓰세요. (53~70)

環境[53]부가 어제 서울 地域[54] 철거아파트에서 나온 옥내[55] 수도관의 부식 狀態[56]를 찍은 寫眞[57]을 공개[58]했다. 設置[59]한 지 10년만 넘으면 관의 折半[60] 이상이 녹으로 막혀 버린다는 것이다. 이런 수도[61]관에서 나온 물을 어떻게 먹을 수 있을까 싶다.

政府[62]는 수돗물 수질을 깨끗하게 하기 위해 엄청난 豫算[63]을 써왔다. 한강[64] 지역에서만 팔당 대책 등으로 93년 이후 9조 1000억원을 썼다. 그러나 환경부가 2003년 조사[65]해 봤더니 수돗물을 그냥 마신다는 사람은 1%에 불과했다. 미국은 그 비율이 35%나 된다.

물론 하수처리장과 정수장을 만들고 상·하수관을 까는 것도 重要[66]한 일이다. 문제[67]는 그렇게 돈을 쏟아 부어도 집안 수도꼭지에서는 녹물이 나온다는 사실[68]이다. 환경부는 전국[69] 아파트의 절반 이상에 쉽게 부식되는 아연관이 설치된 것으로 추정하고 있다. 아연관을 쓰는 가정[70]의 63%는 실제 녹물이 나온다고 호소하고 있다. 수십만 원 이상 하는 정수기가 전국에 500만대나 보급돼 있는 것도 수도꼭지 물을 믿지 못해서다.

(53) 環境   (54) 地域
(55) 옥내   (56) 狀態
(57) 寫眞   (58) 공개
(59) 設置   (60) 折半
(61) 수도   (62) 政府
(63) 豫算   (64) 한강
(65) 조사   (66) 중요
(67) 문제   (68) 사실
(69) 전국   (70) 가정

⏱ 제한시간 **50**분

4 다음 漢字語의 同音異義語를 쓰되, 제시된 뜻에 맞게 쓰세요. (71~73)

(71) 團旗 – ☐☐ : 짧은 기간.

(72) 小話 – ☐☐ : 먹은 음식을 삭임.

(73) 正視 – ☐☐ : 정해진 시간.

5 다음 ☐ 안에 알맞은 漢字를 넣어 故事成語를 完成하세요. (74~78)

(74) ☐盡甘來　　(75) 目不☐丁

(76) 殺☐成仁　　(77) 以卵投☐

(78) 適☐適所

6 다음 漢字와 뜻이 反對 또는 相對되는 漢字를 ☐ 안에 넣어 漢字語를 만드세요. (79~83)

(79) 輕 ↔ ☐　　(80) ☐ ↔ 着

(81) ☐ ↔ 終　　(82) ☐ ↔ 減

(83) 好 ↔ ☐

7 다음 漢字와 뜻이 같거나 비슷한 漢字를 ☐ 안에 넣어 漢字語를 만드세요. (84~88)

(84) 競 – ☐　　(85) ☐ – 問

(86) ☐ – 達　　(87) 造 – ☐

(88) ☐ – 考

8 다음 漢字의 部首를 쓰세요. (89~91)

(89) 壯

(90) 舌

(91) 腸

9 다음 漢字를 略字로 바꾸어 쓰세요. (92~94)

(92) 實

(93) 發

(94) 會

10 다음 故事成語가 完成되도록 [　] 안의 말을 漢字로 바꾸어 쓰세요. (95~97)

(95) [금과]玉條　　　(96) [작심]三日

(97) [화조]月夕

11 다음 漢字語 중 첫 音節이 길게 發音되는 것을 3개 골라, 그 번호를 ☐ 안에 쓰세요.(순서무관) (98~100)

例
① 商店　② 衆生　③ 波動　④ 號令
⑤ 風習　⑥ 能力　⑦ 靑銅　⑧ 慶事

(98) ☐

(99) ☐

(100) ☐

■ 사단법인 한국어문회 · 한국한자능력검정회   0 4 1   ■

전국한자능력검정시험 4급 답안지 (1)

번호	답안란 정답	채점란 1검	2검	번호	답안란 정답	채점란 1검	2검	번호	답안란 정답	채점란 1검	2검
1				17				33			
2				18				34			
3				19				35			
4				20				36			
5				21				37			
6				22				38			
7				23				39			
8				24				40			
9				25				41			
10				26				42			
11				27				43			
12				28				44			
13				29				45			
14				30				46			
15				31				47			
16				32				48			

감독위원	채점위원 (1)		채점위원 (2)		채점위원 (3)	
(서명)	(득점)	(서명)	(득점)	(서명)	(득점)	(서명)

※ 뒷면으로 이어짐

※ 본 답안지는 컴퓨터로 처리되므로 구겨지거나 더럽혀지지 않도록 조심하시고 글씨를 칸 안에 또박또박 쓰십시오.

전국한자능력검정시험 4급 답안지 (2)

번호	답안란 정답	채점란 1검	채점란 2검	번호	답안란 정답	채점란 1검	채점란 2검	번호	답안란 정답	채점란 1검	채점란 2검
49				67				85			
50				68				86			
51				69				87			
52				70				88			
53				71				89			
54				72				90			
55				73				91			
56				74				92			
57				75				93			
58				76				94			
59				77				95			
60				78				96			
61				79				97			
62				80				98			
63				81				99			
64				82				100			
65				83							
66				84							

4급 실전예상문제 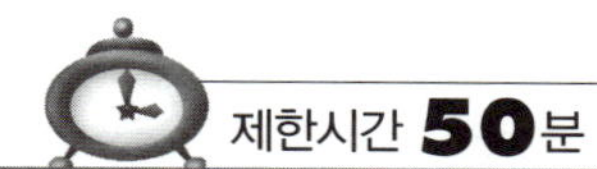 02회

답은 답안지에 작성하십시오.

제한시간 **50**분

1 다음 漢字語의 讀音을 쓰세요. (1~30)

(1) 招請
(2) 榮華
(3) 傾聽
(4) 隱居
(5) 逃避
(6) 飮酒
(7) 妙手
(8) 區廳
(9) 差等
(10) 好況
(11) 資源
(12) 養鷄
(13) 實彈
(14) 崇嚴
(15) 點線
(16) 改組
(17) 校誌
(18) 鉛白
(19) 層階
(20) 支援
(21) 宗派
(22) 指環
(23) 多樣
(24) 對稱
(25) 壯談
(26) 熱氣
(27) 檀紀
(28) 背景
(29) 提督
(30) 境遇

2 다음 漢字의 訓과 音을 쓰세요. (31~52)

(31) 暇
(32) 甘
(33) 舞
(34) 絲
(35) 激
(36) 灰
(37) 篇
(38) 易
(39) 覽
(40) 推
(41) 投
(42) 徒
(43) 劇
(44) 慰
(45) 嚴
(46) 拒
(47) 儒
(48) 勸
(49) 帝
(50) 整
(51) 祕
(52) 刑

3 다음 글에서 밑줄 친 單語 중 한글 표기는 漢字로, 漢字 표기는 한글로 고쳐 쓰세요. (53~71)

> '젊고 참신한 아이디어를 주세요.'
> 기업들이 대학생[53] 및 대학원생들을 對象[54]으로 한 마케팅 아이디어 및 論文[55] 공모전을 잇달아 열고 있다.
> 이는 새로운 아이디어 모집, 인재[56] 발굴과 함께 젊은층에 間接[57]적인 기업 이미지 홍보까지 할 수 있다는 것이 長點[58].
> 기업들은 공모전 상금[59]을 높이고 수상자에게는 採用[60] 시 優待[61]하거나 특전[62]을 부여하는 등 유인책도 강화[63]하고 있다.
> 한국전력은 전력[64]서비스 개선[65]을 주제[66]로 한 '대학(원)생 論文 공모전'의 응모를 28일까지 받고 있다. 수상자 全員[67]에게는 입사[68] 志願[69] 시 서류[70] 전형을 면제해 줄 方針[71]이다.

(53) 대학생
(54) 對象
(55) 論文
(56) 인재
(57) 間接
(58) 長點
(59) 상금
(60) 採用
(61) 優待
(62) 특전
(63) 강화
(64) 전력
(65) 개선
(66) 주제
(67) 全員
(68) 입사
(69) 志願
(70) 서류
(71) 方針

4 다음 □ 안에 알맞은 漢字를 넣어 故事成語를 完成하세요. (72~76)

(72) 千篇□律

(73) 驚天動□

(74) 明鏡□水

(75) □公後私

(76) 有備無□

5 다음 漢字와 뜻이 같거나 비슷한 漢字를 □ 안에 넣어 漢字語를 만드세요. (77~81)

(77) 鬪 – □

(78) □ – 足

(79) □ – 與

(80) 報 – □

(81) 統 – □

6 다음 漢字와 뜻이 反對 또는 相對되는 漢字를 □ 안에 넣어 漢字語를 만드세요. (82~86)

(82) □ ↔ 活

(83) 言 ↔ □

(84) □ ↔ 私

(85) □ ↔ 罰

(86) 逆 ↔ □

7 다음은 同音異義語가 들어 있는 문장이다. 밑줄 친 單語를 漢字로 쓰세요. (87~88)

> 옛날에는 외국에서 사신이 오면, 임금님을 대신[87]하여 지금의 장관격인 대신[88]이 맞이하였다.

(87) 대신

(88) 대신

8 다음 漢字의 部首를 쓰세요. (89~91)

(89) 象

(90) 與

(91) 墓

9 다음 漢字를 略字로 바꾸어 쓰세요. (92~94)

(92) 寫

(93) 兒

(94) 萬

10 다음 각 문항에서 첫 音節이 長音으로 發音되는 것을 골라, 그 번호를 쓰세요. (95~97)

(95) ① 査定　② 構造　③ 組織　④ 散步

(96) ① 讚頌　② 證言　③ 生産　④ 勝利

(97) ① 春秋　② 星雲　③ 底意　④ 差異

11 다음 漢字語의 뜻을 쓰세요. (98~100)

(98) 判讀

(99) 舌戰

(100) 勉強

수험번호 □□□□-□□-□□□□　　성명 □□□□□

주민등록번호 □□□□□□-□□□□□□□　　※ 유성 사인펜, 붉은색 필기구 사용 불가.

※ 답안지는 컴퓨터로 처리되므로 구기거나 더럽히지 마시고, 정답 칸 안에만 쓰십시오.
　글씨가 채점란으로 들어오면 오답처리가 됩니다.

전국한자능력검정시험 4급 답안지 (1)

답안란		채점란		답안란		채점란		답안란		채점란	
번호	정답	1검	2검	번호	정답	1검	2검	번호	정답	1검	2검
1				17				33			
2				18				34			
3				19				35			
4				20				36			
5				21				37			
6				22				38			
7				23				39			
8				24				40			
9				25				41			
10				26				42			
11				27				43			
12				28				44			
13				29				45			
14				30				46			
15				31				47			
16				32				48			

감독위원	채점위원 (1)		채점위원 (2)		채점위원 (3)	
(서명)	(득점)	(서명)	(득점)	(서명)	(득점)	(서명)

전국한자능력검정시험 4급 답안지 (2)

번호	답안란 정답	채점란 1검	2검	번호	답안란 정답	채점란 1검	2검	번호	답안란 정답	채점란 1검	2검
49				67				85			
50				68				86			
51				69				87			
52				70				88			
53				71				89			
54				72				90			
55				73				91			
56				74				92			
57				75				93			
58				76				94			
59				77				95			
60				78				96			
61				79				97			
62				80				98			
63				81				99			
64				82				100			
65				83							
66				84							

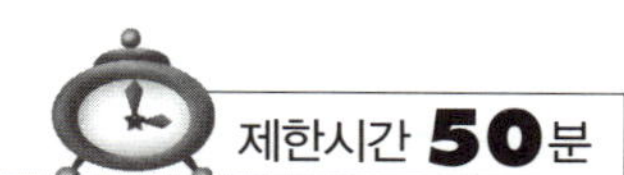

답은 답안지에 작성하십시오.

제한시간 **50**분

1 다음 漢字語의 讀音을 쓰세요. (1~30)

(1) 包裝	(2) 鬪病
(3) 混同	(4) 亂局
(5) 因緣	(6) 忠犬
(7) 奇妙	(8) 除籍
(9) 氣候	(10) 干求
(11) 間或	(12) 優秀
(13) 委員	(14) 墓碑
(15) 宗氏	(16) 功績
(17) 毒舌	(18) 關與
(19) 海賊	(20) 堂叔
(21) 私費	(22) 再燃
(23) 食券	(24) 安靜
(25) 判決	(26) 程度
(27) 砲擊	(28) 伐草
(29) 希願	(30) 報答

2 다음 漢字의 訓과 음을 쓰세요. (31~52)

(31) 屈	(32) 均
(33) 堅	(34) 窮
(35) 歡	(36) 抗
(37) 延	(38) 慮
(39) 敢	(40) 巨
(41) 群	(42) 系
(43) 姉	(44) 憤
(45) 營	(46) 輪
(47) 腸	(48) 攻
(49) 條	(50) 雜
(51) 段	(52) 據

3 다음 글에서 밑줄 친 單語 중 한글 표기는 漢字로, 漢字 표기는 한글로 고쳐 쓰세요. (53~71)

학생들이 負擔[53]스러워하는데도 학교[54]에서 국어·영어[55]·수학 외에 여러 과목[56]을 가르치는 이유[57]는 무엇일까. 교육자들은 흔히 전인[58]교육을 위해서라고 답한다. 몇몇 과목만 가르치면 인격[59]을 육성[60]할 수 없다. 그래서 여러 과목을 가르쳐 多樣[61]한 분야[62]의 기초 素養[63]을 쌓도록 하자는 취지다.

經濟[64]학자들도 전인교육을 나름대로 합리적인 제도라고 한다. 만일 학교에서 국·영·수만 가르친다면 어찌될까. 이 세 과목에 재능[65]이 없는 학생은 일찌감치 脫落[66]하고 말 것이다. 그러나 사람의 재능은 국·영·수에만 限定[67]된 것이 아니다. 학생들에게 세 과목만 집중[68]해 가르친다면 다양한 재능이 無視[69]된다. 이는 개인적으로나 사회[70]적으로 큰 損失[71]이다.

따라서, 여러 과목을 동시에 가르치면서 학생들의 다양한 재능을 발견해 꽃피우게 하는 게 이상적이다.

(53) 負擔	(54) 학교
(55) 영어	(56) 과목
(57) 이유	(58) 전인
(59) 인격	(60) 육성
(61) 多樣	(62) 분야
(63) 素養	(64) 經濟
(65) 재능	(66) 脫落
(67) 限定	(68) 집중
(69) 無視	(70) 사회
(71) 損失	

4 다음 □ 안에 알맞은 漢字를 넣어 故事成語를 完成하세요. (72~76)

(72) 仁者□敵
(73) 興盡悲□
(74) 孤□無援
(75) 大同小□
(76) 送□迎新

5 다음 漢字와 뜻이 反對 또는 相對되는 漢字를 □ 안에 넣어 漢字語를 만드세요. (77~81)

(77) 當 ↔ □
(78) 善 ↔ □
(79) 朝 ↔ □
(80) □ ↔ 否
(81) □ ↔ 從

6 다음 漢字語의 同音異義語를 쓰되, 제시된 뜻에 맞게 쓰세요. (82~83)

(82) 戰亡 – □□ : 멀리 바라봄.
(83) 同家 – □□ : 동쪽에 있는 이웃집.

7 다음 漢字와 뜻이 같거나 비슷한 漢字를 □ 안에 넣어 漢字語를 만드세요. (84~88)

(84) 果 – □
(85) □ – 特
(86) □ – 誤
(87) 崇 – □
(88) 聽 – □

8 다음 漢字의 部首를 쓰세요. (89~91)

(89) 威
(90) 商
(91) 亂

9 다음 漢字를 略字로 바꾸어 쓰세요. (92~94)

(92) 樂
(93) 醫
(94) 觀

10 다음 漢字語 중 첫 音節이 길게 發音되는 것을 3개 골라, □ 안에 그 번호를 쓰세요.(순서무관) (95~97)

例
① 儀式　② 毛筆　③ 消毒　④ 備品
⑤ 養育　⑥ 調和　⑦ 妙手　⑧ 投藥

(95) □
(96) □
(97) □

11 다음 故事成語가 完成되도록 [　] 안의 말을 漢字로 바꾸어 쓰세요. (98~100)

(98) 一葉[지추]
(99) [언어]道斷
(100) 士農[공상]

수험번호 □□□□-□□-□□□□   성명 □□□□□

주민등록번호 □□□□□□-□□□□□□□   ※ 유성 사인펜, 붉은색 필기구 사용 불가.

※ 답안지는 컴퓨터로 처리되므로 구기거나 더럽히지 마시고, 정답 칸 안에만 쓰십시오.
글씨가 채점란으로 들어오면 오답처리가 됩니다.

전국한자능력검정시험 4급 답안지 (1)

번호	답안란 정답	채점란 1검	2검	번호	답안란 정답	채점란 1검	2검	번호	답안란 정답	채점란 1검	2검
1				17				33			
2				18				34			
3				19				35			
4				20				36			
5				21				37			
6				22				38			
7				23				39			
8				24				40			
9				25				41			
10				26				42			
11				27				43			
12				28				44			
13				29				45			
14				30				46			
15				31				47			
16				32				48			

감독위원	채점위원 (1)		채점위원 (2)		채점위원 (3)	
(서명)	(득점)	(서명)	(득점)	(서명)	(득점)	(서명)

※ 뒷면으로 이어짐

※ 본 답안지는 컴퓨터로 처리되므로 구겨지거나 더럽혀지지 않도록 조심하시고 글씨를 칸 안에 또박또박 쓰십시오.

전국한자능력검정시험 4급 답안지 (2)

번호	답안란 정답	채점란 1검	2검	번호	답안란 정답	채점란 1검	2검	번호	답안란 정답	채점란 1검	2검
49				67				85			
50				68				86			
51				69				87			
52				70				88			
53				71				89			
54				72				90			
55				73				91			
56				74				92			
57				75				93			
58				76				94			
59				77				95			
60				78				96			
61				79				97			
62				80				98			
63				81				99			
64				82				100			
65				83							
66				84							

답은 답안지에 작성하십시오.

제한시간 **50**분

1 다음 漢字語의 讀音을 쓰세요. (1~30)

(1) 機智   (2) 味覺

(3) 威信   (4) 實存

(5) 季節   (6) 理髮

(7) 席卷   (8) 積善

(9) 勸奬   (10) 歡喜

(11) 訓戒   (12) 辭表

(13) 優待   (14) 降伏

(15) 憲章   (16) 散文

(17) 印朱   (18) 批評

(19) 地域   (20) 極盡

(21) 孤立   (22) 西紀

(23) 海底   (24) 勝負

(25) 男妹   (26) 舍監

(27) 恩惠   (28) 減産

(29) 吸收   (30) 脈管

2 다음 漢字의 訓과 음을 쓰세요. (31~52)

(31) 儉   (32) 傷

(33) 卵   (34) 納

(35) 離   (36) 穀

(37) 疑   (38) 迎

(39) 胞   (40) 拍

(41) 更   (42) 普

(43) 鑛   (44) 專

(45) 證   (46) 適

(47) 略   (48) 模

(49) 爆   (50) 額

(51) 帳   (52) 痛

3 다음 글에서 밑줄 친 單語 중 한글 표기는 漢字로, 漢字 표기는 한글로 고쳐 쓰세요. (53~70)

그의 몸에는 영국 귀족[53]의 피가 흐른다. 밧줄 하나에 매달려 密林[54]을 누빌 程度[55]의 체력[56], 단도[57] 한 자루로 맹수와 맞서는 담대함, 독학[58]으로 여러 개 언어[59]를 구사할 정도의 명석한 두뇌, 조각 같은 몸을 가졌다. 게다가 친절[60]하고 유쾌하며 순수하기까지……

어느 하나 흠잡을 곳이 없는 완벽한 남성[61]. 바로 '타잔'이다.

1918년 2월14일 흑백[62] 無聲[63] 映畵[64] '유인원 타잔(the tarzan of the apes)'이 미국에서 개봉됐다. '타잔'이라는 타이틀이 붙은 영화는 애니메이션 '타잔과 잃어버린 도시[65] (1998)'까지 모두 88개. 이 영화는 그 가운데 첫 작품[66]이다.

20세기 영화사에서 타잔은 斷然[67] 가장 인기[68] 있는 캐릭터였다. 세계 곳곳에서 어린이들은 '아 ~ 아아' 하는 외침을 흉내 냈고 줄에 매달려 나무를 타다가 떨어지기도 했다. 함께 등장[69]했던 제인과 치타도 덩달아 유명[70]해졌다.

어린이뿐만 아니다. 옛 소련의 스탈린도 손님이 오면 종종 타잔 영화를 함께 봤다.

(53) 귀족   (54) 密林

(55) 程度   (56) 체력

(57) 단도   (58) 독학

(59) 언어   (60) 친절

(61) 남성   (62) 흑백

(63) 無聲   (64) 映畵

(65) 도시   (66) 작품

(67) 斷然   (68) 인기

(69) 등장   (70) 유명

4 다음 □ 안에 알맞은 漢字를 넣어 故事成語를 完成하세요. (71~75)

(71) 緣□求魚
(72) 日就□將
(73) 敗家亡□
(74) 居□思危
(75) 論功行□

5 다음 漢字와 뜻이 反對 또는 相對되는 漢字를 □ 안에 넣어 漢字語를 만드세요. (76~80)

(76) 多 ↔ □
(77) □ ↔ 他
(78) □ ↔ 散
(79) 官 ↔ □
(80) 興 ↔ □

6 다음 漢字와 뜻이 같거나 비슷한 漢字를 □ 안에 넣어 漢字語를 만드세요. (81~85)

(81) □ – 畫
(82) 調 – □
(83) □ – 冷
(84) □ – 烈
(85) 舍 – □

7 다음의 讀音과 뜻을 가진 單語를 漢字로 쓰세요. (86~88)

(86) 전래 (전하여 내려옴)
(87) 독식 (이익을 혼자서 차지함)
(88) 수석 (맨 윗자리)

8 다음 漢字의 部首를 쓰세요. (89~91)

(89) 肅
(90) 歸
(91) 條

9 다음 漢字를 略字로 바꾸어 쓰세요. (92~94)

(92) 擧
(93) 對
(94) 數

10 다음 漢字語의 뜻을 쓰세요. (95~97)

(95) 傷心
(96) 縮圖
(97) 傾聽

11 다음 각 문항에서 첫 音節이 長音으로 發音되는 것을 골라, 그 번호를 쓰세요. (98~100)

(98) ① 放學　② 遊覽　③ 航空　④ 要求
(99) ① 案席　② 如前　③ 危機　④ 起床
(100) ① 碑石　② 電流　③ 交代　④ 燃料

■ 사단법인 한국어문회 · 한국한자능력검정회 |0|4|1|

수험번호 □□□□－□□－□□□□　　　성명 □□□□□

주민등록번호 □□□□□□－□□□□□□□　※ 유성 사인펜, 붉은색 필기구 사용 불가.

※ 답안지는 컴퓨터로 처리되므로 구기거나 더럽히지 마시고, 정답 칸 안에만 쓰십시오.
　글씨가 채점란으로 들어오면 오답처리가 됩니다.

전국한자능력검정시험 4급 답안지 (1)

번호	답안란 정답	채점란 1검	2검	번호	답안란 정답	채점란 1검	2검	번호	답안란 정답	채점란 1검	2검
1				17				33			
2				18				34			
3				19				35			
4				20				36			
5				21				37			
6				22				38			
7				23				39			
8				24				40			
9				25				41			
10				26				42			
11				27				43			
12				28				44			
13				29				45			
14				30				46			
15				31				47			
16				32				48			

감독위원	채점위원 (1)		채점위원 (2)		채점위원 (3)	
(서명)	(득점)	(서명)	(득점)	(서명)	(득점)	(서명)

※ 뒷면으로 이어짐

※ 본 답안지는 컴퓨터로 처리되므로 구겨지거나 더럽혀지지 않도록 조심하시고 글씨를 칸 안에 또박또박 쓰십시오.

전국한자능력검정시험 4급 답안지 (2)

번호	답안란 정답	채점란 1검	2검	번호	답안란 정답	채점란 1검	2검	번호	답안란 정답	채점란 1검	2검
49				67				85			
50				68				86			
51				69				87			
52				70				88			
53				71				89			
54				72				90			
55				73				91			
56				74				92			
57				75				93			
58				76				94			
59				77				95			
60				78				96			
61				79				97			
62				80				98			
63				81				99			
64				82				100			
65				83							
66				84							

답은 답안지에 작성하십시오.

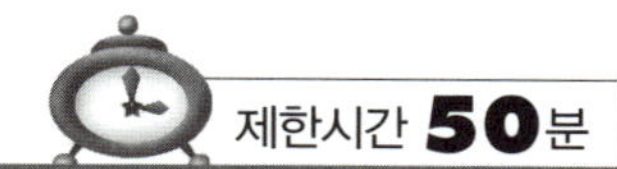

제한시간 **50**분

1 다음 漢字語의 讀音을 쓰세요. (1~30)

(1) 探訪		(2) 痛恨	
(3) 殘額		(4) 靜肅	
(5) 老松		(6) 共犯	
(7) 請婚		(8) 損傷	
(9) 豫見		(10) 簡易	
(11) 鍾愛		(12) 就寢	
(13) 顯達		(14) 無妨	
(15) 就任		(16) 改革	
(17) 敵陣		(18) 勸勉	
(19) 回甲		(20) 反射	
(21) 強骨		(22) 危險	
(23) 資金		(24) 疲兵	
(25) 發揮		(26) 牧童	
(27) 統監		(28) 細密	
(29) 謝過		(30) 承服	

2 다음 漢字의 訓과 音을 쓰세요. (31~52)

(31) 烈		(32) 墓	
(33) 映		(34) 厚	
(35) 張		(36) 傑	
(37) 遇		(38) 驚	
(39) 險		(40) 宣	
(41) 鳴		(42) 擊	
(43) 讚		(44) 柳	
(45) 複		(46) 趣	
(47) 屬		(48) 縮	

(49) 折		(50) 織	
(51) 勤		(52) 轉	

3 다음 글에서 밑줄 친 單語 중 한글 표기는 漢字로, 漢字 표기는 한글로 고쳐 쓰세요. (53~71)

25년간 우리 傳統[53] 밥상과 자연식의 중요[54]성을 전파해 온 자연식 研究[55]가 강순남씨가 '밥상이 藥床[56]이다' 에 이어 또 한 권의 健康[57] 도서[58]를 출간했다. '밥상이 썩었다, 당신의 몸이 썩고 있다(소금나무)' 는 그가 일반인들에게 提示[59]하는 음식[60] 생활[61] 건강법이다.

"각종[62] 성인병[63]과 아토피, 비만 같은 질병은 현대[64] 의학[65]만으로 고칠 수가 없습니다. 營養[66] 과잉, 부분[67]적 과다[68] 섭취 등으로 인한 질병은 영양소의 균형 있는 조화[69]를 통해 치유할 수 있습니다."

일단 그는 잘못된 현대인들의 식탁[70] 문화를 꼬집었다. 현대인의 밥상은 입이 원하는 음식만을 선호[71]하는 추세로 가고 있다는 것. 그 중에서도 지나친 동물성(動物性) 지방의 섭취와 이른바 '5백(白) 식품' 인 흰쌀, 흰밀가루, 흰설탕, 흰조미료, 흰소금을 과다하게 섭취하는 것을 가장 큰 문제로 지적했다.

(53) 傳統		(54) 중요	
(55) 研究		(56) 藥床	
(57) 健康		(58) 도서	
(59) 提示		(60) 음식	
(61) 생활		(62) 각종	
(63) 성인병		(64) 현대	
(65) 의학		(66) 營養	
(67) 부분		(68) 과다	
(69) 조화		(70) 식탁	
(71) 선호			

4 다음 □ 안에 알맞은 漢字를 넣어 故事成語를 完成하세요. (72~76)

(72) □折不屈　　(73) 陰德□報
(74) 適者□存　　(75) □者定離
(76) 甘言□說

5 다음 漢字와 뜻이 反對 또는 相對되는 漢字를 □ 안에 넣어 漢字語를 만드세요. (77~81)

(77) 溫 ↔ □　　(78) □ ↔ 心
(79) 黑 ↔ □　　(80) □ ↔ 圓
(81) 離 ↔ □

6 다음 漢字와 뜻이 같거나 비슷한 漢字를 □ 안에 넣어 漢字語를 만드세요. (82~86)

(82) □ – 去　　(83) □ – 落
(84) □ – 擇　　(85) 居 – □
(86) 希 – □

7 다음 漢字語의 同音異義語를 쓰되, 제시된 뜻에 맞게 쓰세요. (87~88)

(87) 天語 – □□ : 냇물에 사는 물고기.
(88) 古家 – □□ : 값이 비쌈. 비싼 값.

8 다음 漢字의 部首를 쓰세요. (89~91)

(89) 集
(90) 鳴
(91) 酒

9 다음 故事成語가 完成되도록 [　] 안의 말을 漢字로 바꾸어 쓰세요. (92~94)

(92) 大書[특필]
(93) 落花[유수]
(94) [신언]書判

10 다음 각 문항에서 첫 音節이 長音으로 發音되는 것을 골라, 그 번호를 쓰세요. (95~97)

(95) ① 表面　② 遠洋　③ 酒量　④ 價格
(96) ① 四季　② 崇高　③ 主人　④ 班長
(97) ① 推定　② 島民　③ 應答　④ 觀光

11 다음 漢字를 略字로 바꾸어 쓰세요. (98~100)

(98) 號
(99) 變
(100) 廣

■ 사단법인 한국어문회 · 한국한자능력검정회   0 4 1   ■

수험번호 ☐☐☐☐ - ☐☐ - ☐☐☐☐   성명 ☐☐☐☐☐

주민등록번호 ☐☐☐☐☐☐ - ☐☐☐☐☐☐☐   ※ 유성 사인펜, 붉은색 필기구 사용 불가.

※ 답안지는 컴퓨터로 처리되므로 구기거나 더럽히지 마시고, 정답 칸 안에만 쓰십시오.
　글씨가 채점란으로 들어오면 오답처리가 됩니다.

전국한자능력검정시험 4급 답안지 (1)

번호	답안란 정답	채점란 1검	2검	번호	답안란 정답	채점란 1검	2검	번호	답안란 정답	채점란 1검	2검
1				17				33			
2				18				34			
3				19				35			
4				20				36			
5				21				37			
6				22				38			
7				23				39			
8				24				40			
9				25				41			
10				26				42			
11				27				43			
12				28				44			
13				29				45			
14				30				46			
15				31				47			
16				32				48			

감독위원	채점위원 (1)		채점위원 (2)		채점위원 (3)	
(서명)	(득점)	(서명)	(득점)	(서명)	(득점)	(서명)

※ 본 답안지는 컴퓨터로 처리되므로 구겨지거나 더럽혀지지 않도록 조심하시고 글씨를 칸 안에 또박또박 쓰십시오.

전국한자능력검정시험 4급 답안지 (2)

번호	답안란 정답	채점란 1검	채점란 2검	번호	답안란 정답	채점란 1검	채점란 2검	번호	답안란 정답	채점란 1검	채점란 2검
49				67				85			
50				68				86			
51				69				87			
52				70				88			
53				71				89			
54				72				90			
55				73				91			
56				74				92			
57				75				93			
58				76				94			
59				77				95			
60				78				96			
61				79				97			
62				80				98			
63				81				99			
64				82				100			
65				83							
66				84							

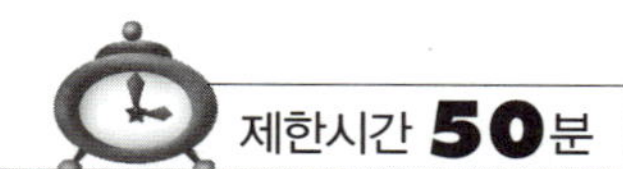

답은 답안지에 작성하십시오.　제한시간 **50**분

1 다음 漢字語의 讀音을 쓰세요. (1~30)

(1) 對象　　(2) 閉校

(3) 食糧　　(4) 支持

(5) 血管　　(6) 怨念

(7) 盜賣　　(8) 包圍

(9) 出庫　　(10) 看板

(11) 金錢　　(12) 檢討

(13) 稱頌　　(14) 規範

(15) 容姿　　(16) 遺書

(17) 結核　　(18) 閑談

(19) 高層　　(20) 歸家

(21) 機會　　(22) 遊覽

(23) 拒否　　(24) 靑龍

(25) 正刻　　(26) 極端

(27) 興業　　(28) 增强

(29) 康福　　(30) 容量

2 다음 漢字의 訓과 음을 쓰세요. (31~52)

(31) 困　　(32) 泉

(33) 繼　　(34) 鏡

(35) 歡　　(36) 占

(37) 珍　　(38) 逃

(39) 座　　(40) 郵

(41) 批　　(42) 擇

(43) 依　　(44) 儀

(45) 稱　　(46) 筋

(47) 寄　　(48) 脫

(49) 潮　　(50) 採

(51) 辯　　(52) 標

3 다음 글에서 밑줄 친 單語 중 한글 표기는 漢字로, 漢字 표기는 한글로 고쳐 쓰세요. (53~71)

　한 박물관의 이집트관. 서로 모르는 사이인 젊은 남녀가 유독 한 전시품[53]에 관심[54]을 갖는다. 두 사람이 전시품에 빠져 있는 동안 옆 진열장에서 고대[55] 이집트 왕국의 공주 암네리스가 걸어 나와 이집트 將軍[56] 라다메스와 이집트 侵攻[57]을 받았던 누비아의 공주 아이다와의 전설[58]적인 사랑 이야기를 들려 준다. 잠시 후 두 남녀는 라다메스와 아이다의 현대적 분신[59]이었음이 밝혀진다. 두 사람이 바라보던 전시품은 수천 년 전 자신들이 함께 묻혔던 돌무덤이었던 것이다.

　8월부터 서울 LG아트센터에서 8개월간 장기[60] 公演[61]되는 브로드웨이 뮤지컬 '아이다'는 소문[62]대로 볼거리 많은 작품이었다. 독일 북서부의 작은 도시[63] 에센에서는 1년 6개월째 '아이다'가 상연 중이다. 제2차 세계[64] 대전 때 군수 공장[65]이었던 건물[66]을 초현대[67]식 공연장으로 改造[68]한 콜로세움 시어터에서 펼쳐지는 공연은 每回[69] 관객[70]들의 기립[71] 박수를 받을 정도다.

(53) 전시품　　(54) 관심

(55) 고대　　(56) 將軍

(57) 侵攻　　(58) 전설

(59) 분신　　(60) 장기

(61) 公演　　(62) 소문

(63) 도시　　(64) 세계

(65) 공장　　(66) 건물

(67) 현대　　(68) 改造

(69) 每回　　(70) 관객

(71) 기립

4 다음 □ 안에 알맞은 漢字를 넣어 故事成語를 完成하세요. (72~76)

(72) 大驚□色　　　(73) 山□珍味

(74) 遠交□攻　　　(75) 一寸□陰

(76) 靑天□日

5 다음 漢字와 뜻이 反對 또는 相對되는 漢字를 □ 안에 넣어 漢字語를 만드세요. (77~81)

(77) □ ↔ 使　　　(78) 祖 ↔ □

(79) □ ↔ 靜　　　(80) □ ↔ 缺

(81) 虛 ↔ □

6 다음 漢字와 뜻이 같거나 비슷한 漢字를 □ 안에 넣어 漢字語를 만드세요. (82~86)

(82) □ – 典　　　(83) 停 – □

(84) □ – 可　　　(85) □ – 聲

(86) 堅 – □

7 다음 漢字語의 同音異義語를 쓰되, 제시된 뜻에 맞게 쓰세요. (87~88)

(87) 良識 – □□ : 서양의 음식.

(88) 東家 – □□ : 같은 값.

8 다음 漢字의 部首를 쓰세요. (89~91)

(89) 犯

(90) 帝

(91) 複

9 다음 漢字를 略字로 바꾸어 쓰세요. (92~94)

(92) 當

(93) 鐵

(94) 圖

10 다음 漢字語 중 첫 音節이 길게 發音되는 것을 3개 골라, 그 번호를 쓰세요.(순서무관) (95~97)

例

① 師範　　② 香氣　　③ 變化　　④ 頌歌

⑤ 關心　　⑥ 利子　　⑦ 優勝　　⑧ 首席

(95) □

(96) □

(97) □

11 다음 漢字語의 뜻을 쓰세요. (98~100)

(98) 威容

(99) 殘在

(100) 堅持

수험번호 □□□□ - □□ - □□□□　　성명 □□□□□

주민등록번호 □□□□□□ - □□□□□□□　　※ 유성 사인펜, 붉은색 필기구 사용 불가.

※ 답안지는 컴퓨터로 처리되므로 구기거나 더럽히지 마시고, 정답 칸 안에만 쓰십시오.
　글씨가 채점란으로 들어오면 오답처리가 됩니다.

전국한자능력검정시험 4급 답안지 (1)

번호	정답	1검	2검	번호	정답	1검	2검	번호	정답	1검	2검
1				17				33			
2				18				34			
3				19				35			
4				20				36			
5				21				37			
6				22				38			
7				23				39			
8				24				40			
9				25				41			
10				26				42			
11				27				43			
12				28				44			
13				29				45			
14				30				46			
15				31				47			
16				32				48			

감독위원	채점위원 (1)		채점위원 (2)		채점위원 (3)	
(서명)	(득점)	(서명)	(득점)	(서명)	(득점)	(서명)

※ 본 답안지는 컴퓨터로 처리되므로 구겨지거나 더럽혀지지 않도록 조심하시고 글씨를 칸 안에 또박또박 쓰십시오.

전국한자능력검정시험 4급 답안지 (2)

번호	답안란 정답	채점란 1검	2검	번호	답안란 정답	채점란 1검	2검	번호	답안란 정답	채점란 1검	2검
49				67				85			
50				68				86			
51				69				87			
52				70				88			
53				71				89			
54				72				90			
55				73				91			
56				74				92			
57				75				93			
58				76				94			
59				77				95			
60				78				96			
61				79				97			
62				80				98			
63				81				99			
64				82				100			
65				83							
66				84							

4급 실전예상문제 07회

답은 답안지에 작성하십시오.

제한시간 **50**분

1 다음 漢字語의 讀音을 쓰세요. (1~30)

(1) 餘暇   (2) 甘酒

(3) 舞曲   (4) 檀君

(5) 生絲   (6) 激怒

(7) 方針   (8) 石灰

(9) 長篇   (10) 容易

(11) 觀覽   (12) 仁義

(13) 推究   (14) 投票

(15) 徒衆   (16) 劇壇

(17) 自慰   (18) 嚴冬

(19) 抗拒   (20) 儒生

(21) 勸告   (22) 日帝

(23) 整地   (24) 神祕

(25) 減刑   (26) 隊員

(27) 視覺   (28) 監督

(29) 端午   (30) 蓄積

2 다음 漢字의 訓과 音을 쓰세요. (31~52)

(31) 招   (32) 華

(33) 隱   (34) 避

(35) 酒   (36) 妙

(37) 廳   (38) 壯

(39) 奇   (40) 況

(41) 源   (42) 彈

(43) 崇   (44) 組

(45) 樣   (46) 構

(47) 誌   (48) 鉛

(49) 階   (50) 援

(51) 派   (52) 環

3 다음 글에서 밑줄 친 單語 중 한글 표기는 漢字로, 漢字 표기는 한글로 고쳐 쓰세요. (53~71)

문화[53] 산업[54]은 그 範圍[55]가 점점 커지고 있다. 공연 藝術[56] · 영상 · 음반 · 디자인 · 게임 등은 물론이고 음식[57] · 패션 · 화장품, 심지어 자동차[58] 등으로까지 그 領域[59]을 확대함으로써 새로운 시장[60] 수요를 만들어 내고 있다.

예를 들어 자동차를 살 때 우리는 자동차의 '機能[61]'을 選擇[62]하는 것이 아니라 자동차가 지닌 '가치', 즉 기호를 선택하는데 이러한 傾向[63]은 고급[64]차일수록 더욱 두드러지게 나타난다. 현대 쏘나타가 BMW5 시리즈와 같은 급으로 시장에서 評價[65]된다면 좀처럼 믿기 어려울 것이다. 그런데 이런 평가는 중국의 소비자[66]들에게서 實際[67]로 일어나고 있다. 여러 가지 이유[68]가 있을 수 있지만 한류[69]가 한몫하고 있다고 본다. 그렇다면 쏘나타는 더 이상 '현대자동차'가 아니라 '한국 문화의 기호[70]'로 認識[71]되는 셈이다.

(53) 문화   (54) 산업

(55) 範圍   (56) 藝術

(57) 음식   (58) 자동차

(59) 領域   (60) 시장

(61) 機能   (62) 選擇

(63) 傾向   (64) 고급

(65) 評價   (66) 소비자

(67) 實際   (68) 이유

(69) 한류   (70) 기호

(71) 認識

4 다음 □ 안에 알맞은 漢字를 넣어 故事成語를 完成하세요. (72~76)

(72) 骨肉□殘

(73) 無爲徒□

(74) 不要不□

(75) 異□同聲

(76) 自□至終

5 다음 漢字와 뜻이 反對 또는 相對되는 漢字를 □ 안에 넣어 漢字語를 만드세요. (77~81)

(77) □ ↔ 害

(78) 本 ↔ □

(79) □ ↔ 低

(80) □ ↔ 危

(81) 存 ↔ □

6 다음 漢字와 뜻이 같거나 비슷한 漢字를 □ 안에 넣어 漢字語를 만드세요. (82~86)

(82) □ - 屋

(83) 心 - □

(84) □ - 濟

(85) 帝 - □

(86) 處 - □

7 다음 漢字語의 同音異義語를 쓰되, 제시된 뜻에 맞게 쓰세요. (87~88)

(87) 在庫 - □□ : 다시 한번 생각함.

(88) 推算 - □□ : 가을철의 산.

8 다음 漢字의 部首를 쓰세요. (89~91)

(89) 穀

(90) 點

(91) 差

9 다음 漢字를 略字로 바꾸어 쓰세요. (92~94)

(92) 晝

(93) 畫

(94) 舊

10 다음 각 문항에서 첫 音節이 長音으로 發音되는 것을 골라, 그 번호를 쓰세요. (95~97)

(95) ① 永生　② 求職　③ 派兵　④ 純利

(96) ① 壁畫　② 單式　③ 輕減　④ 訓戒

(97) ① 部族　② 暗記　③ 京城　④ 領土

11 다음 故事成語가 完成되도록 [ ] 안의 말을 漢字로 바꾸어 쓰세요. (98~100)

(98) 語不[성설]

(99) [일석]二鳥

(100) 秋風[낙엽]

■ 사단법인 한국어문회 · 한국한자능력검정회   [0][4][1]   ■

수험번호 □□□□-□□-□□□□   성명 □□□□□

주민등록번호 □□□□□□-□□□□□□□   ※ 유성 사인펜, 붉은색 필기구 사용 불가.

※ 답안지는 컴퓨터로 처리되므로 구기거나 더럽히지 마시고, 정답 칸 안에만 쓰십시오.
   글씨가 채점란으로 들어오면 오답처리가 됩니다.

전국한자능력검정시험 4급 답안지 (1)

번호	답안란 정답	채점란 1검	2검	번호	답안란 정답	채점란 1검	2검	번호	답안란 정답	채점란 1검	2검
1				17				33			
2				18				34			
3				19				35			
4				20				36			
5				21				37			
6				22				38			
7				23				39			
8				24				40			
9				25				41			
10				26				42			
11				27				43			
12				28				44			
13				29				45			
14				30				46			
15				31				47			
16				32				48			

감독위원	채점위원 (1)		채점위원 (2)		채점위원 (3)	
(서명)	(득점)	(서명)	(득점)	(서명)	(득점)	(서명)

※ 본 답안지는 컴퓨터로 처리되므로 구겨지거나 더럽혀지지 않도록 조심하시고 글씨를 칸 안에 또박또박 쓰십시오.

전국한자능력검정시험 4급 답안지 (2)

번호	답안란 정답	채점란 1검	2검	번호	답안란 정답	채점란 1검	2검	번호	답안란 정답	채점란 1검	2검
49				67				85			
50				68				86			
51				69				87			
52				70				88			
53				71				89			
54				72				90			
55				73				91			
56				74				92			
57				75				93			
58				76				94			
59				77				95			
60				78				96			
61				79				97			
62				80				98			
63				81				99			
64				82				100			
65				83							
66				84							

4급 실전예상문제 08회

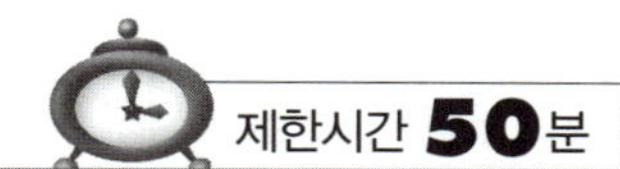

답은 답안지에 작성하십시오.

제한시간 **50**분

1 다음 漢字語의 讀音을 쓰세요. (1~30)

(1) 屈伏　　　　(2) 平均
(3) 中堅　　　　(4) 困窮
(5) 歡喜　　　　(6) 抗生
(7) 延命　　　　(8) 念慮
(9) 隱居　　　　(10) 果敢
(11) 巨額　　　　(12) 大群
(13) 家系　　　　(14) 母姉
(15) 激憤　　　　(16) 經營
(17) 書册　　　　(18) 直腸
(19) 專攻　　　　(20) 條約
(21) 混雜　　　　(22) 文段
(23) 服從　　　　(24) 依據
(25) 前輪　　　　(26) 假裝
(27) 銅錢　　　　(28) 港都
(29) 除去　　　　(30) 護送

2 다음 漢字의 訓과 음을 쓰세요. (31~52)

(31) 裝　　　　(32) 鬪
(33) 混　　　　(34) 亂
(35) 緣　　　　(36) 犬
(37) 差　　　　(38) 籍
(39) 候　　　　(40) 干
(41) 或　　　　(42) 秀
(43) 委　　　　(44) 碑

(45) 績　　　　(46) 判
(47) 與　　　　(48) 賊
(49) 叔　　　　(50) 燃
(51) 券　　　　(52) 靜

3 다음 글에서 밑줄 친 單語 중 한글 표기는 漢字로, 漢字 표기는 한글로 고쳐 쓰세요. (53~70)

"한국의 정원[53]은 華麗[54]함 보다는 부드럽고 편안[55]함을 지니고 있으면서도 그 構造[56]와 配置[57]가 완벽합니다. 동양[58]의 陰陽[59]思想[60]이 담긴 철학적 깊이가 정원이라는 현실[61]에서 구현됐다는 것 자체[62]가 驚異[63]롭습니다."
윔스 원장이 비원을 찾은 이유[64]는 미국에서는 처음으로 로스앤젤레스 카운티 식물원에 대규모 한국식 정원을 조성하기 위해서다. 정원 조성은 이르면 2006년 완료될 豫定[65]. 이 사업[66]을 함께 推進[67] 중인 미국 교포 사회 학술[68] 모임인 한국정원학회의 招請[69]으로 25일 한국을 訪問[70]했다.

(53) 정원　　　　(54) 華麗
(55) 편안　　　　(56) 構造
(57) 配置　　　　(58) 동양
(59) 陰陽　　　　(60) 思想
(61) 현실　　　　(62) 자체
(63) 驚異　　　　(64) 이유
(65) 豫定　　　　(66) 사업
(67) 推進　　　　(68) 학술
(69) 招請　　　　(70) 訪問

제한시간 50분

4 다음 □ 안에 알맞은 漢字를 넣어 故事成語를 完成하세요. (71~75)

(71) 千差萬□　　(72) 鷄卵□骨

(73) 大義名□　　(74) 實□求是

(75) 牛耳□經

5 다음 漢字와 뜻이 反對 또는 相對되는 漢字를 □ 안에 넣어 漢字語를 만드세요. (76~80)

(76) 敎 ↔ □　　(77) □ ↔ 炭

(78) □ ↔ 武　　(79) □ ↔ 誤

(80) 陰 ↔ □

6 다음 漢字와 뜻이 같거나 비슷한 漢字를 □ 안에 넣어 漢字語를 만드세요. (81~85)

(81) □ – 化　　(82) □ – 別

(83) □ – 覺　　(84) 巨 – □

(85) 肉 – □

7 다음의 讀音과 뜻을 가진 單語를 漢字로 쓰세요. (86~88)

(86) 해풍 (해상에서 부는 바람)

(87) 구전 (말로 전해 옴)

(88) 냉대 (차갑게 대함)

8 다음 漢字의 部首를 쓰세요. (89~91)

(89) 就

(90) 疑

(91) 危

9 다음 漢字를 略字로 바꾸어 쓰세요. (92~94)

(92) 禮

(93) 氣

(94) 勞

10 다음 漢字語의 뜻을 쓰세요. (95~97)

(95) 紅葉

(96) 秀作

(97) 爆笑

11 다음 漢字語 중 첫 音節이 길게 發音되는 것을 3개 골라, 그 번호를 쓰세요.(순서무관) (98~100)

例

① 貧富　② 念頭　③ 全國　④ 休學

⑤ 歸鄕　⑥ 弱點　⑦ 詩人　⑧ 創造

(98) □

(99) □

(100) □

■ 사단법인 한국어문회 · 한국한자능력검정회　　　　　　　　　0 4 1

수험번호 □□□□-□□-□□□□　　　성명 □□□□□

주민등록번호 □□□□□□-□□□□□□□　　※ 유성 사인펜, 붉은색 필기구 사용 불가.

※ 답안지는 컴퓨터로 처리되므로 구기거나 더럽히지 마시고, 정답 칸 안에만 쓰십시오.
　　글씨가 채점란으로 들어오면 오답처리가 됩니다.

전국한자능력검정시험 4급 답안지 (1)

답안란		채점란		답안란		채점란		답안란		채점란	
번호	정답	1검	2검	번호	정답	1검	2검	번호	정답	1검	2검
1				17				33			
2				18				34			
3				19				35			
4				20				36			
5				21				37			
6				22				38			
7				23				39			
8				24				40			
9				25				41			
10				26				42			
11				27				43			
12				28				44			
13				29				45			
14				30				46			
15				31				47			
16				32				48			

감독위원	채점위원 (1)		채점위원 (2)		채점위원 (3)	
(서명)	(득점)	(서명)	(득점)	(서명)	(득점)	(서명)

※ 뒷면으로 이어짐

※ 본 답안지는 컴퓨터로 처리되므로 구겨지거나 더럽혀지지 않도록 조심하시고 글씨를 칸 안에 또박또박 쓰십시오.

전국한자능력검정시험 4급 답안지 (2)

번호	답안란 정답	채점란 1검	2검	번호	답안란 정답	채점란 1검	2검	번호	답안란 정답	채점란 1검	2검
49				67				85			
50				68				86			
51				69				87			
52				70				88			
53				71				89			
54				72				90			
55				73				91			
56				74				92			
57				75				93			
58				76				94			
59				77				95			
60				78				96			
61				79				97			
62				80				98			
63				81				99			
64				82				100			
65				83							
66				84							

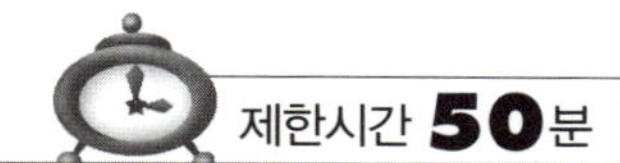

답은 답안지에 작성하십시오.

제한시간 **50**분

1 다음 漢字語의 讀音을 쓰세요. (1~30)

(1) 勤儉   (2) 負傷
(3) 紅玉   (4) 出納
(5) 離脫   (6) 雜穀
(7) 質疑   (8) 迎送
(9) 細胞   (10) 拍子
(11) 變更   (12) 普世
(13) 炭鑛   (14) 專務
(15) 降伏   (16) 適當
(17) 省略   (18) 規模
(19) 爆藥   (20) 毛孔
(21) 布帳   (22) 腹痛
(23) 保證   (24) 鷄卵
(25) 金額   (26) 檢查
(27) 黨首   (28) 快感
(29) 貧困   (30) 確信

2 다음 漢字의 訓과 音을 쓰세요. (31~52)

(31) 覺   (32) 威
(33) 季   (34) 髮
(35) 卷   (36) 積
(37) 底   (38) 負
(39) 獎   (40) 戒
(41) 辭   (42) 優
(43) 伏   (44) 憲
(45) 散   (46) 妹
(47) 朱   (48) 評
(49) 域   (50) 盡
(51) 孤   (52) 紀

3 다음 글에서 밑줄 친 單語 중 한글 표기는 漢字로, 漢字 표기는 한글로 고쳐 쓰세요. (53~71)

내년[53]부터는 政府[54]나 민간[55]에서 신도시[56] 개발[57] 사업[58]을 推進[59]할 때 그 동안 사용[60]하던 녹지[61]율 대신[62] 生態[63] 面積[64]률 개념이 導入[65]된다.

또 지방 환경청이 개발할 수 있는 지역과 개발해서는 안 되는 지역을 미리 구분[66]해 개발 사업에 대한 상담[67]을 받는가 하면 환경성평가制度[68]도 지역 전체[69]에 미치는 영향을 判斷[70]하기 위해 지역 單位[71]로 이뤄지게 된다.

(53) 내년   (54) 政府
(55) 민간   (56) 신도시
(57) 개발   (58) 사업
(59) 推進   (60) 사용
(61) 녹지   (62) 대신
(63) 生態   (64) 面積
(65) 導入   (66) 구분
(67) 상담   (68) 制度
(69) 전체   (70) 判斷
(71) 單位

4 다음 □ 안에 알맞은 漢字를 넣어 故事成語를 完成하세요. (72~76)

(72) 自□自讚
(73) 太平聖□
(74) 江□煙波
(75) 半□半疑
(76) □時風俗

5 다음 漢字와 뜻이 反對 또는 相對되는 漢字를 □ 안에 넣어 漢字語를 만드세요. (77~81)

(77) 賣 ↔ □
(78) □ ↔ 弱
(79) □ ↔ 富
(80) □ ↔ 負
(81) 甘 ↔ □

6 다음 漢字와 뜻이 같거나 비슷한 漢字를 □ 안에 넣어 漢字語를 만드세요. (82~86)

(82) 共 - □
(83) 知 - □
(84) □ - 暖
(85) 孤 - □
(86) 尊 - □

7 다음 同音異義語를 각각의 제시된 뜻에 맞게 漢字로 쓰세요. (87~88)

(87) 화신 (꽃이 피었다는 소식)
(88) 화신 (불을 맡은 신)

8 다음 漢字의 部首를 쓰세요. (89~91)

(89) 趣
(90) 寒
(91) 巨

9 다음 漢字를 略字로 바꾸어 쓰세요. (92~94)

(92) 團
(93) 獨
(94) 傳

10 다음 각 문항에서 첫 音節이 長音으로 發音되는 것을 골라, 그 번호를 쓰세요. (95~97)

(95) ① 寸志　② 晝間　③ 秀才　④ 存在
(96) ① 辭典　② 技術　③ 反對　④ 乳兒
(97) ① 兵士　② 愛情　③ 新聞　④ 快感

11 다음 故事成語가 完成되도록 [ ] 안의 말을 漢字로 바꾸어 쓰세요. (98~100)

(98) 千慮[일실]
(99) [백면]書生
(100) 格物[치지]

수험번호 □□□□-□□-□□□□　　　성명 □□□□□

주민등록번호 □□□□□□-□□□□□□□　　※ 유성 사인펜, 붉은색 필기구 사용 불가.

※ 답안지는 컴퓨터로 처리되므로 구기거나 더럽히지 마시고, 정답 칸 안에만 쓰십시오.
　글씨가 채점란으로 들어오면 오답처리가 됩니다.

전국한자능력검정시험 4급 답안지 (1)

번호	답안란 정답	채점란 1검	2검	번호	답안란 정답	채점란 1검	2검	번호	답안란 정답	채점란 1검	2검
1				17				33			
2				18				34			
3				19				35			
4				20				36			
5				21				37			
6				22				38			
7				23				39			
8				24				40			
9				25				41			
10				26				42			
11				27				43			
12				28				44			
13				29				45			
14				30				46			
15				31				47			
16				32				48			

감독위원	채점위원 (1)		채점위원 (2)		채점위원 (3)	
(서명)	(득점)	(서명)	(득점)	(서명)	(득점)	(서명)

※ 본 답안지는 컴퓨터로 처리되므로 구겨지거나 더럽혀지지 않도록 조심하시고 글씨를 칸 안에 또박또박 쓰십시오.

전국한자능력검정시험 4급 답안지 (2)

번호	답안란 정답	채점란 1검	채점란 2검	번호	답안란 정답	채점란 1검	채점란 2검	번호	답안란 정답	채점란 1검	채점란 2검
49				67				85			
50				68				86			
51				69				87			
52				70				88			
53				71				89			
54				72				90			
55				73				91			
56				74				92			
57				75				93			
58				76				94			
59				77				95			
60				78				96			
61				79				97			
62				80				98			
63				81				99			
64				82				100			
65				83							
66				84							

답은 답안지에 작성하십시오.

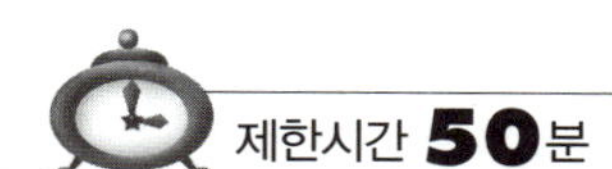

제한시간 **50**분

1 다음 漢字語의 讀音을 쓰세요. (1~30)

(1) 極烈
(2) 省墓
(3) 上映
(4) 厚生
(5) 出張
(6) 周邊
(7) 人傑
(8) 待遇
(9) 探險
(10) 宣傳
(11) 異端
(12) 粉紅
(13) 耳鳴
(14) 打擊
(15) 稱讚
(16) 細柳
(17) 金屬
(18) 短縮
(19) 曲折
(20) 組織
(21) 勤務
(22) 轉入
(23) 複製
(24) 情趣
(25) 驚歎
(26) 試驗
(27) 早退
(28) 斷續
(29) 義務
(30) 往年

2 다음 漢字의 訓과 音을 쓰세요. (31~52)

(31) 探
(32) 恨
(33) 殘
(34) 肅
(35) 松
(36) 犯
(37) 婚
(38) 損
(39) 豫
(40) 簡
(41) 鍾
(42) 寢
(43) 顯
(44) 妨
(45) 就
(46) 革
(47) 陣
(48) 勉
(49) 危
(50) 資
(51) 疲
(52) 揮

3 다음 글에서 밑줄 친 單語 중 한글 표기는 漢字로, 漢字 표기는 한글로 고쳐 쓰세요. (53~71)

음식물 쓰레기 分離[53] 배출은 지난 97년 폐기물 관리법 施行[54] 규칙[55] 개정[56]으로 일찌감치 시행을 豫告[57]했었다. 국민들은 분리 배출 원칙에는 대부분 공감[58]을 하고 政府[59]의 방침에 쉽게 따를 意志[60]를 보이고 있다. 그런데도 시행 초기[61]에 制度[62]가 매끄럽지 못하게 흐르고 있는 것은 규제자, 즉 환경부와 지자체의 제도 운용[63]상의 방법[64]에 커다란 잘못이 있기 때문이다.

첫째, 이번 분리 배출 제도는 환경 행정이나 국민들의 입장[65]에서 볼 때 엄청난 정책 대전환에 해당한다. 하지만 국민에 대한 홍보 부족[66]으로 초기 시행의 성공[67] 가능성[68]을 완전[69]히 半減[70]시켜 버렸다. 국민들이 분리 배출할 의지는 갖고 있는데 언제 어떤 基準[71]으로 분리 배출을 해야 하는지 사전 지식이 태부족했다.

(53) 分離
(54) 施行
(55) 규칙
(56) 개정
(57) 豫告
(58) 공감
(59) 政府
(60) 意志
(61) 초기
(62) 制度
(63) 운용
(64) 방법
(65) 입장
(66) 부족
(67) 성공
(68) 가능성
(69) 완전
(70) 半減
(71) 基準

4 다음 □ 안에 알맞은 漢字를 넣어 故事成語를 完成하세요. (72~76)

(72) 因□應報　　(73) 走馬看□

(74) 至誠□天　　(75) 金□玉條

(76) 身言□判

5 다음 漢字와 뜻이 反對 또는 相對되는 漢字를 □ 안에 넣어 漢字語를 만드세요. (77~81)

(77) 豊 ↔ □　　(78) 離 ↔ □

(79) 與 ↔ □　　(80) □ ↔ 暖

(81) □ ↔ 近

6 다음 漢字와 뜻이 같거나 비슷한 漢字를 □ 안에 넣어 漢字語를 만드세요. (82~86)

(82) 可 - □　　(83) □ - 結

(84) □ - 蓄　　(85) □ - 留

(86) 存 - □

7 다음은 同音異義語가 들어 있는 문장이다. 밑줄 친 單語를 漢字로 쓰세요. (87~88)

> 대한민국의 수도[87]인 서울에는 고지대까지 식수난이 없도록 수도[88] 시설이 잘 되어 있다.

(87) 수도

(88) 수도

8 다음 漢字의 部首를 쓰세요. (89~91)

(89) 憤

(90) 將

(91) 整

9 다음 漢字를 略字로 바꾸어 쓰세요. (92~94)

(92) 關

(93) 區

(94) 賣

10 다음 漢字語 중 첫 音節이 길게 發音되는 것을 3개 골라, 그 번호를 쓰세요.(순서무관) (95~97)

例
① 選手　② 臣下　③ 重大　④ 神童
⑤ 增加　⑥ 減産　⑦ 田園　⑧ 陽地

(95) □

(96) □

(97) □

11 다음 漢字語의 뜻을 쓰세요. (98~100)

(98) 盡心

(99) 孤島

(100) 推考

수험번호 ☐☐☐☐-☐☐-☐☐☐☐   성명 ☐☐☐☐☐

주민등록번호 ☐☐☐☐☐☐-☐☐☐☐☐☐☐   ※ 유성 사인펜, 붉은색 필기구 사용 불가.

※ 답안지는 컴퓨터로 처리되므로 구기거나 더럽히지 마시고, 정답 칸 안에만 쓰십시오.
　글씨가 채점란으로 들어오면 오답처리가 됩니다.

전국한자능력검정시험 4급 답안지 (1)

답안란		채점란		답안란		채점란		답안란		채점란	
번호	정답	1검	2검	번호	정답	1검	2검	번호	정답	1검	2검
1				17				33			
2				18				34			
3				19				35			
4				20				36			
5				21				37			
6				22				38			
7				23				39			
8				24				40			
9				25				41			
10				26				42			
11				27				43			
12				28				44			
13				29				45			
14				30				46			
15				31				47			
16				32				48			

감독위원	채점위원 (1)		채점위원 (2)		채점위원 (3)	
(서명)	(득점)	(서명)	(득점)	(서명)	(득점)	(서명)

※ 본 답안지는 컴퓨터로 처리되므로 구겨지거나 더럽혀지지 않도록 조심하시고 글씨를 칸 안에 또박또박 쓰십시오.

전국한자능력검정시험 4급 답안지 (2)

번호	답안란 정답	채점란 1검	채점란 2검	번호	답안란 정답	채점란 1검	채점란 2검	번호	답안란 정답	채점란 1검	채점란 2검
49				67				85			
50				68				86			
51				69				87			
52				70				88			
53				71				89			
54				72				90			
55				73				91			
56				74				92			
57				75				93			
58				76				94			
59				77				95			
60				78				96			
61				79				97			
62				80				98			
63				81				99			
64				82				100			
65				83							
66				84							

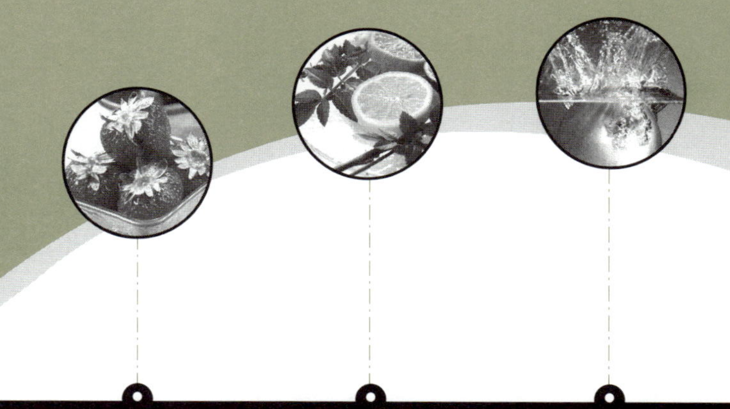

국가공인 한자능력검정시험 예상문제집 4급

기출분석문제

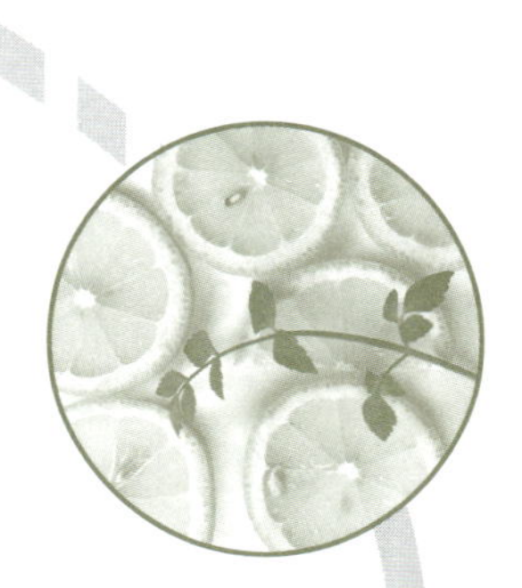

제**1**회 한자능력검정시험 **4**급 기출분석문제

본 문제는 (사)한국어문회 시행 제29회 한자능력검정시험에 출제되었던 문제를 수험생들에게 수집한 것입니다.   제한시간 **50**분

1 다음 漢字語의 讀音을 쓰세요. (1~30)

(1) 姿勢 [ ]		(2) 泉脈 [ ]	
(3) 困窮 [ ]		(4) 通帳 [ ]	
(5) 賊徒 [ ]		(6) 閉關 [ ]	
(7) 核種 [ ]		(8) 鬪志 [ ]	
(9) 獎學 [ ]		(10) 豫告 [ ]	
(11) 砲彈 [ ]		(12) 奉仕 [ ]	
(13) 修辭 [ ]		(14) 頭髮 [ ]	
(15) 城壁 [ ]		(16) 談論 [ ]	
(17) 鐵鑛 [ ]		(18) 構想 [ ]	
(19) 隱密 [ ]		(20) 殘存 [ ]	
(21) 鳴管 [ ]		(22) 處罰 [ ]	
(23) 等閑 [ ]		(24) 群舞 [ ]	
(25) 料量 [ ]		(26) 私利 [ ]	
(27) 遺骨 [ ]		(28) 貧富 [ ]	
(29) 勸勉 [ ]		(30) 秀麗 [ ]	

2 다음 漢字의 訓과 音을 쓰세요. (31~52)

(31) 次 [ ]		(32) 探 [ ]	
(33) 抗 [ ]		(34) 暇 [ ]	
(35) 鷄 [ ]		(36) 段 [ ]	
(37) 納 [ ]		(38) 留 [ ]	
(39) 拍 [ ]		(40) 離 [ ]	
(41) 散 [ ]		(42) 圍 [ ]	
(43) 遇 [ ]		(44) 際 [ ]	
(45) 衆 [ ]		(46) 遊 [ ]	
(47) 招 [ ]		(48) 態 [ ]	
(49) 波 [ ]		(50) 航 [ ]	
(51) 藝 [ ]		(52) 批 [ ]	

3 다음 單語의 同音異義語를 쓰되, 제시된 뜻을 유념하세요. (53~58)

(53) 死期 – [   ] : 역사를 기록한 책.

(54) 領主 – [   ] : 한곳에 오래 삶.

(55) 戰火 – [   ] : 전화기로 말을 통함.

(56) 美式 – [   ] : 쌀밥을 주식으로 함.

(57) 同文 – [   ] : 동쪽에 있는 문.

(58) 施工 – [   ] : 시간과 공간.

4 다음 故事成語가 完成되도록 ( ) 안의 말을 漢字로 바꾸어 쓰세요. (59~63)

(59) (풍전)燈火 – [   ]

(60) (타산)之(지)石 – [   ]

(61) (자업)自得 – [   ]

(62) 朝變(석개) – [   ]

(63) 言行(상반) – [   ]

5 다음 각 글자와 의미상 對立되는 漢字를 넣어 單語를 完成하세요. (64~68)

(64) [   ] ↔ 直

(65) 溫 ↔ [   ]

(66) [   ] ↔ 重

(67) 始 ↔ [   ]

(68) [   ] ↔ 靜

6 다음 각 글자와 뜻이 비슷한 漢字를 넣어 單語를 完成하세요. (69~73)

(69) 增 – [   ]　　(70) [   ] – 立

(71) 眼 – [   ]　　(72) 道 – [   ]

(73) [   ] – 本

7 다음 글에서 밑줄 친 單語 중 한글로 표기된 것은 漢字로, 漢字 표기는 한글로 고쳐 쓰세요. (74~88)

(ㄱ) 표음문자인 한글과 표의문자인 漢字에는 각각 長短點[74]이 있다. 한글은 배우기 쉽고 쓰기 쉬운 利點이 있고, 한자는 視覺的[75]으로 바로 뜻을 알아차릴 수 있는 利點과 무궁한 造語力[76]이나 縮約力[77]이 있다. 반면, 한글은 표의력이 없음이 흠이고, 漢字는 글자 수가 많아지고, 획수가 많아져 배우기 어렵고 쓰기 어려운 흠이 있다.

(ㄴ) 漢字語에 同音語[78]가 많고, 이것이 한글 전용이 어렵다고 주장하는 이들이 내세우는 중요한 이유[79] 중의 하나이다. 이에 대해 한글 전용론자들은 '순 우리말에도 同音語가 있으나 그 식별[80]이 어렵지 않다. 전후 문맥으로 그 식별이 가능하다'고 맞선다.

(ㄷ) 우리의 傳統 문화가 漢字 문화임은 누구나 긍정할 것이다. 이 우리 문화의 전통 繼承[81]을 위해서도 좋든 싫든 한자·한문 교육이 필요[82]한 것이다. 漢文 교육은 초등학교에서부터 행해져야 하며, 漢字·漢文 교육은 강화[83]되어야 한다.

(ㄹ) 한글 전용을 하려면 인명 지명[84] 등 고유[85] 명사에 대한 정책적인 고려가 있어야 하는데, 그것도 가능하다고 보나 간단한 문제는 아니요, 더욱이 과거[86]나 현재[87]의 인명, 지명 등을 한글로만 적을 경우, 적잖은 混亂[88], 법적인 문제나 무리가 따를 가능성이 짙다.

(74) 長短點 [   ]　　(75) 視覺的 [   ]

(76) 造語力 [   ]　　(77) 縮約力 [   ]

(78) 同音語 [   ]　　(79) 이유 [   ]

(80) 식별 [   ]　　(81) 繼承 [   ]

(82) 필요 [   ]　　(83) 강화 [   ]

(84) 지명 [   ]　　(85) 고유 [   ]

(86) 과거 [   ]　　(87) 현재 [   ]

(88) 混亂 [   ]

8 다음 漢字의 部首를 쓰세요. (89~91)

(89) 島 – [   ]

(90) 店 – [   ]

(91) 景 – [   ]

9 다음 漢字를 略字로 바꾸어 쓰세요. (92~94)

(92) 實 – [   ]

(93) 對 – [   ]

(94) 禮 – [   ]

10 다음 漢字語의 뜻을 쓰세요. (95~97)

(95) 光速 – [   ]

(96) 大計 – [   ]

(97) 商船 – [   ]

11 다음 漢字語 중, 첫 音節이 길게 發音되는 것을 3개만 골라, 그 번호를 쓰세요.(순서무관) (98~100)

例
① 侵入　　　② 寢室　　　③ 眞實
④ 職務　　　⑤ 犯法　　　⑥ 集會
⑦ 位置　　　⑧ 共同

(98) [   ]

(99) [   ]

(100) [   ]

제**2**회 한자능력검정시험 **4**급 기출분석문제

본 문제는 (사)한국어문회 시행 제28회 한자능력검정시험에 출제되었던 문제를 수험생들에게 수집한 것입니다. 제한시간 **50**분

1 다음 漢字語의 讀音을 쓰세요. (1~30)

(1) 容納 [ ]	(2) 華麗 [ ]
(3) 怨恨 [ ]	(4) 妨害 [ ]
(5) 勸勉 [ ]	(6) 妙案 [ ]
(7) 干滿 [ ]	(8) 毒舌 [ ]
(9) 配達 [ ]	(10) 調律 [ ]
(11) 密閉 [ ]	(12) 勤儉 [ ]
(13) 尊嚴 [ ]	(14) 構造 [ ]
(15) 保管 [ ]	(16) 處罰 [ ]
(17) 源泉 [ ]	(18) 宣布 [ ]
(19) 氏族 [ ]	(20) 寄與 [ ]
(21) 拍車 [ ]	(22) 骨格 [ ]
(23) 複寫 [ ]	(24) 模範 [ ]
(25) 段階 [ ]	(26) 鐵絲 [ ]
(27) 探訪 [ ]	(28) 傾向 [ ]
(29) 樣相 [ ]	(30) 救援 [ ]

2 다음 漢字의 訓과 音을 쓰세요. (31~52)

(31) 隱 [ ]	(32) 鳴 [ ]
(33) 看 [ ]	(34) 險 [ ]
(35) 彈 [ ]	(36) 慰 [ ]
(37) 委 [ ]	(38) 鬪 [ ]
(39) 錢 [ ]	(40) 伏 [ ]
(41) 努 [ ]	(42) 鏡 [ ]
(43) 刻 [ ]	(44) 崇 [ ]
(45) 姿 [ ]	(46) 盡 [ ]
(47) 鷄 [ ]	(48) 暇 [ ]
(49) 覺 [ ]	(50) 額 [ ]
(51) 伐 [ ]	(52) 離 [ ]

3 다음 글에서 밑줄 친 單語 중 한글 표기는 漢字로, 漢字 표기는 한글로 고쳐 쓰세요. (53~67)

(ㄱ) 우리는 산 言語를 소중[53]히 여기는 마음에 치우친 나머지, 자칫 옛것을 소홀히 하는 면으로 기울어져, 불과[54] 수십 년 전의 문헌도 제대로 읽어 내지 못하는 교양[55] 수준이 되어서는 안 되겠다. 산 言語 中心의 언어 생활이란, 결코 독서 능력의 低下[56]나 문화 遺産[57]의 繼承[58]을 외면해도 된다는 뜻은 아니다.

(ㄴ) 따라서, 이러한 문제는 고유[59]한 언어이기 때문에 優秀[60]하다든가, 언어의 순수성을 지켜야 한다든가 라는 문제와 混同[61]될 수는 없는 것이다. 言語도 그 밖의 문화 분야[62]와 마찬가지로 교류[63]와 상호 영향하에서만 豊富[64]해질 수 있고 발달할 수도 있다. 만일 우리 言語의 고유한 순수 狀態[65]를 되찾는다고 한다면 과연 어느 時代에까지 거슬러 올라가야 할 것인지를 생각해 볼 필요가 없다. 필경 그것은 언어의 원시[66] 상태를 提唱[67]함과 다를 바 없을 것이다.

(53) 소중 [ ]	(54) 불과 [ ]
(55) 교양 [ ]	(56) 低下 [ ]
(57) 遺産 [ ]	(58) 繼承 [ ]
(59) 고유 [ ]	(60) 優秀 [ ]
(61) 混同 [ ]	(62) 분야 [ ]
(63) 교류 [ ]	(64) 豊富 [ ]
(65) 狀態 [ ]	(66) 원시 [ ]
(67) 提唱 [ ]	

4 다음의 訓과 音을 지닌 漢字를 쓰세요. (68~71)

(68) 말씀 담 [ ]
(69) 호수 호 [ ]
(70) 널 판 [ ]
(71) 고기잡을 어 [ ]

5 다음 [ ] 안에 알맞은 漢字를 넣어 故事成語를 完成하세요. (72~76)

(72) 驚天[　]地　　(73) 安貧樂[　　]

(74) 殺[　]成仁　　(75) 適[　　]生存

(76) 朝[　　]夕改

6 다음 漢字와 뜻이 反對 또는 相對되는 漢字를 [ ] 안에 넣어 漢字語를 만드세요. (77~81)

(77) 興 ↔ [　　]　　(78) [　　] ↔ 否

(79) 賣 ↔ [　　]　　(80) [　　] ↔ 私

(81) [　　] ↔ 活

7 다음 각 글자와 뜻이 같거나 비슷한 漢字를 [ ] 안에 넣어 漢字語를 만드세요. (82~86)

(82) 擔 - [　　]　　(83) [　　] - 蓄

(84) 寒 - [　　]　　(85) [　　] - 息

(86) 想 - [　　]

8 다음은 同音異義語가 들어 있는 문장이다. 밑줄 친 單語를 漢字로 쓰세요. (87~88)

> 매년 가뭄이 들면 반복되는 식수[87]난을 근본적으로 해결하기 위해서는 산과 들에 식수[88]를 많이 해야 한다.

(87) 식수 [　　　]

(88) 식수 [　　　]

9 다음 漢字의 部首를 쓰세요. (89~91)

(89) 威 - [　　]

(90) 帝 - [　　]

(91) 肅 - [　　]

10 다음 漢字를 略字로 바꾸어 쓰세요. (92~94)

(92) 團 - [　　]

(93) 獨 - [　　]

(94) 傳 - [　　]

11 다음 漢字語의 뜻을 쓰세요. (95~97)

(95) 防火 - [　　　　　　　　]

(96) 盜聽 - [　　　　　　　　]

(97) 終講 - [　　　　　　　　]

12 다음 漢字語 중, 첫 音節이 길게 發音되는 것을 3개 골라, 그 번호를 쓰세요.(순서무관) (98~100)

> 例
>
> ① 專門　　② 面會　　③ 織物
> ④ 去來　　⑤ 點數　　⑥ 差異
> ⑦ 備考　　⑧ 雜音

(98) [　　　]

(99) [　　　]

(100) [　　　]

제**3**회 한자능력검정시험 **4**급 기출분석문제

본 문제는 (사)한국어문회 시행 제27회 한자능력검정시험에 출제되었던 문제를 수험생들에게 수집한 것입니다.

제한시간 **50**분

1 다음 漢字語의 讀音을 쓰세요. (1~30)

(1) 放牧 [ ]		(2) 餘暇 [ ]	
(3) 勸奬 [ ]		(4) 靜肅 [ ]	
(5) 護衛 [ ]		(6) 趣味 [ ]	
(7) 秀麗 [ ]		(8) 省察 [ ]	
(9) 屈折 [ ]		(10) 終映 [ ]	
(11) 採鑛 [ ]		(12) 徒黨 [ ]	
(13) 亂打 [ ]		(14) 脫盡 [ ]	
(15) 討伐 [ ]		(16) 模造 [ ]	
(17) 觀覽 [ ]		(18) 掃除 [ ]	
(19) 壓卷 [ ]		(20) 干潮 [ ]	
(21) 探訪 [ ]		(22) 樹液 [ ]	
(23) 破損 [ ]		(24) 極端 [ ]	
(25) 調整 [ ]		(26) 歡迎 [ ]	
(27) 私服 [ ]		(28) 危險 [ ]	
(29) 暖帶 [ ]		(30) 隱密 [ ]	

2 다음 漢字의 訓과 音을 쓰세요. (31~52)

(31) 納 [ ]		(32) 專 [ ]	
(33) 織 [ ]		(34) 殘 [ ]	
(35) 飛 [ ]		(36) 拍 [ ]	
(37) 辯 [ ]		(38) 聽 [ ]	
(39) 閑 [ ]		(40) 常 [ ]	
(41) 眼 [ ]		(42) 離 [ ]	
(43) 據 [ ]		(44) 派 [ ]	
(45) 實 [ ]		(46) 寢 [ ]	
(47) 烈 [ ]		(48) 往 [ ]	
(49) 就 [ ]		(50) 歸 [ ]	
(51) 隊 [ ]		(52) 招 [ ]	

3 다음 글에서 밑줄 친 單語 중 한글 표기는 漢字로, 漢字 표기는 한글로 고쳐 쓰세요. (53~64)

(ㄱ) 反義字 결합[53] 漢字語들의 의미 변화 과정에는 의미 範圍[54]의 확대 또는 의미 농도의 추상화가 나타나는 어휘도 있고, 이와 반대로 語義의 具象化[55] 또는 특수화가 이루어진 語例도 있다.

(ㄴ) 의미 변화 없는 字順 交替形(교체형)들은 시간[56]이 흐름에 따라 言衆[57]의 選好[58]에 의하여 어느 한 形態[59]가 소멸의 길을 걸을 것으로 豫測[60]된다.

(ㄷ) 국어 어휘는 주로 고유어, 漢字語, 서구 외래어 등으로 구성되고, 그 중에서도 한자어가 70%에 가까운 分布[61]를 보이고 있음은 周知[62]하는 바이다. 이 때문에 한자어를 피하고는 우리의 언어 생활이 불가능[63]할 程度[64]이다.

(53) 결합 [ ]		(54) 範圍 [ ]	
(55) 具象化 [ ]		(56) 시간 [ ]	
(57) 言衆 [ ]		(58) 選好 [ ]	
(59) 形態 [ ]		(60) 豫測 [ ]	
(61) 分布 [ ]		(62) 周知 [ ]	
(63) 불가능 [ ]		(64) 程度 [ ]	

4 다음의 訓과 音을 지닌 漢字를 쓰세요. (65~70)

(65) 근심 환 [ ]
(66) 조사할 사 [ ]
(67) 무리 류 [ ]
(68) 머무를 정 [ ]
(69) 둥글 단 [ ]
(70) 다툴 경 [ ]

5 다음 [ ] 안에 알맞은 漢字를 넣어 故事成語를 完成하세요. (71~75)

(71) 角者[   ]齒 (72) [   ]利思義
(73) 一脈[   ]通 (74) 緣木求[   ]
(75) 死生[   ]斷

6 다음 각 글자와 의미상 對立되는 漢字를 넣어 單語를 完成하세요. (76~80)

(76) 苦 ↔ [   ] (77) [   ] ↔ 敗
(78) 先 ↔ [   ] (79) [   ] ↔ 白
(80) 古 ↔ [   ]

7 다음 각 글자와 뜻이 비슷한 漢字를 넣어 單語를 完成하세요. (81~85)

(81) [   ] – 分 (82) 增 – [   ]
(83) [   ] – 居 (84) 兒 – [   ]
(85) [   ] – 謠

8 다음의 讀音과 뜻을 가진 單語를 漢字로 쓰세요. (86~88)

(86) 낙도(외따로 떨어져 있는 섬) ················ [   ]
(87) 소비(돈이나 물건 등을 써서 없앰) ·········· [   ]
(88) 온량(성품이 온화하고 순량함) ··········· [   ]

9 다음 漢字의 部首를 쓰세요. (89~91)

(89) 告 – [   ]
(90) 貴 – [   ]
(91) 炭 – [   ]

10 다음 漢字를 略字로 바꾸어 쓰세요. (92~94)

(92) 舊 – [   ]
(93) 禮 – [   ]
(94) 鐵 – [   ]

11 다음 각 문항에서 첫 音節이 長音으로 發音되는 것을 골라, 그 번호를 쓰세요. (95~97)

(95) [   ] : ① 價格 ② 家計 ③ 假作 ④ 街路
(96) [   ] : ① 問題 ② 文庫 ③ 文書 ④ 門生
(97) [   ] : ① 靑松 ② 虛送 ③ 松花 ④ 送別

12 다음 故事成語가 完成되도록 ( ) 안의 말을 漢字로 바꾸어 쓰세요. (98~100)

(98) 博學(다식) – [   ]
(99) 百年(하청) – [   ]
(100) (전광)石火 – [   ]

합격점수 **70**점

본 문제는 (사)한국어문회 시행 제26회 한자능력검정시험에 출제되었던 문제를 수험생들에게 수집한 것입니다.

제한시간 **50분**

1 다음 漢字語의 讀音을 쓰세요. (1~20)

(1) 創出 [   ]   (2) 受注 [   ]

(3) 非理 [   ]   (4) 禁足 [   ]

(5) 攻防 [   ]   (6) 雪亂 [   ]

(7) 厚板 [   ]   (8) 死傷 [   ]

(9) 神話 [   ]   (10) 憲政 [   ]

(11) 古鐵 [   ]   (12) 票心 [   ]

(13) 勤勉 [   ]   (14) 記協 [   ]

(15) 施賞 [   ]   (16) 援用 [   ]

(17) 多變 [   ]   (18) 北核 [   ]

(19) 發議 [   ]   (20) 骨折 [   ]

※ 다음 글을 읽고, 물음에 답하세요. (21~45)

主張[21]이 뚜렷한 사람이 드러나 보일 때가 많다. 망설이거나 조심스럽게 행동[31]하는 사람은 드러나기가 어렵다. 따라서, 사람들은 말이나 행동에 있어서 確實[22]하고 분명[32]한 態度[23]를 숭상하고, 단정적으로 判斷[24]하기를 좋아하며, 자신만만하게 나서기를 서슴지 않는다.

어려운 때를 당한 사람에게는, 명확하고 분명한 태도가 귀중[33]한 미덕[34]임에 틀림이 없다. 그러나 명확하고 분명한 태도를 취한 동기가 순수해야 하며, 그러한 결단에 이르기까지의 過程[25]이 높은 지식[35]과 깊은 생각에 의하여 뒷받침되어 있어야 한다. 순수하지 못한 동기로 한때의 감정[36]이나 얕은 지식, 좁은 觀察[26]에 근거를 두고 경솔하게 결정한 태도를 옳은 신념[37]인 양 밀고 나가는 것은 몹시 위험한 일이다.

깊은 산 속에서 길을 잃은 사람들이 危機[27]를 넘기기 위해서는 신중함과 결단력이 있어야 한다. 그들은 우선 狀況[28] 판단을 정확히 하기 위하여 침착하고 신중한 관찰을 해야 할 것이다. 그리고 안전[38]한 下山 전략을 세우기 위하여 서로의 의견[39]을 交換해야 할 것이다. 되도록 視野[29]가 넓은 곳에 올라가서 산의 모양과 목적지[40]의 방향[41]을 파악하는 일이 특히 중요할 것이며, 남의 의

견을 서로 존중함으로써 지혜를 모으는 것도 중요할 것이다. 그리고 일단 결론을 얻은 다음에는 그 결론을 따라서 주저 없이 행동해야 할 것이다. 당황한 나머지 무모하게 행동을 서두르는 것도 위험하지만, 결정을 내리지 못하여 右往左往[30]하는 가운데 시간을 낭비하는 것은 더욱 위험하다.

2 윗글에서 밑줄 친 21~30의 漢字語의 讀音을 쓰세요. (21~30)

(21) 主張 [   ]   (22) 確實 [   ]

(23) 態度 [   ]   (24) 判斷 [   ]

(25) 過程 [   ]   (26) 觀察 [   ]

(27) 危機 [   ]   (28) 狀況 [   ]

(29) 視野 [   ]   (30) 右往左往 [   ]

3 윗글에서 밑줄 친 31~41의 漢字語를 漢字로 쓰세요. (31~41)

(31) 행동 [   ]   (32) 분명 [   ]

(33) 귀중 [   ]   (34) 미덕 [   ]

(35) 지식 [   ]   (36) 감정 [   ]

(37) 신념 [   ]   (38) 안전 [   ]

(39) 의견 [   ]   (40) 목적지 [   ]

(41) 방향 [   ]

4 윗글에서 밑줄 친 21~30의 漢字語 중, 첫 音節이 길게 發音되는 것을 4개 골라 그 번호를 쓰세요.(순서무관) (42~45)

(42) [   ]   (43) [   ]

(44) [   ]   (45) [   ]

5 다음의 讀音과 뜻을 가진 單語를 漢字로 쓰세요. (46~54)

(46) 방화(불을 지름) ································· [   ]

(47) 조석(아침과 저녁) ······························· [   ]

(48) 특기(특별한 기능) ······························· [   ]

(49) 병고(병으로 인한 고통) ···················· [   ]

(50) 책망(허물을 들어 꾸짖음) ··············· [   ]

(51) 대안(어떤 안에 대신할 안)··············· [   ]

(52) 풍문(바람결에 들리는 소문) ············· [   ]

(53) 명필(글씨를 썩 잘 쓰는 사람) ··········· [   ]

(54) 시효(어떤 효력이 유지되는 일정한 기간)··· [   ]

6 다음 漢字의 訓과 음을 쓰세요. (55~77)

(55) 路 [   ]　　(56) 紅 [   ]

(57) 散 [   ]　　(58) 首 [   ]

(59) 牛 [   ]　　(60) 寺 [   ]

(61) 築 [   ]　　(62) 耳 [   ]

(63) 消 [   ]　　(64) 好 [   ]

(65) 奉 [   ]　　(66) 手 [   ]

(67) 酒 [   ]　　(68) 助 [   ]

(69) 祕 [   ]　　(70) 鳴 [   ]

(71) 力 [   ]　　(72) 謠 [   ]

(73) 固 [   ]　　(74) 普 [   ]

(75) 求 [   ]　　(76) 宿 [   ]

(77) 暇 [   ]

7 다음 [   ] 안에 알맞은 漢字를 넣어 故事成語를 完成하세요. (78~82)

(78) [   ]天愛人 : 하늘을 숭배하고 인간을 사랑함.

(79) 弱肉[   ]食 : 약한 자는 강한 자에게 먹힌다는 뜻.

(80) 仁[   ]無敵 : 어진 사람에게는 적이 없음.

(81) 有備無[   ] : 미리 준비가 되어 있으면 걱정할 것이 없음.

(82) 速戰速[   ] : 싸움을 오래 끌지 아니하고 빨리 몰아쳐 이기고 짐을 결정함.

8 다음 漢字語의 同音異義語를 쓰되, 제시된 뜻을 유념하세요. (83~85)

(83) 陽福 – [   ] : 서양식의 의복.

(84) 聽講 – [   ] : 맑게 흐르는 강.

(85) 在庫 – [   ] : 다시 한 번 생각함.

9 다음 漢字와 뜻이 反對 또는 相對되는 漢字를 [   ] 안에 넣어 漢字語를 만드세요. (86~88)

(86) [   ] ↔ 終　　　(87) 吉 ↔ [   ]

(88) [   ] ↔ 減

10 다음 漢字와 같은 뜻의 漢字를 [   ] 안에 넣어 漢字語를 만드세요. (89~91)

(89) [   ] – 貨　　　(90) 境 – [   ]

(91) [   ] – 爭

11 다음 漢字를 略字로 바꾸어 쓰세요. (92~94)

(92) 區 – [   ]　　　(93) 輕 – [   ]

(94) 對 – [   ]

12 다음 漢字의 部首를 쓰세요. (95~97)

(95) 麗 – [   ]　　　(96) 帶 – [   ]

(97) 嚴 – [   ]

13 다음 漢字語의 뜻을 쓰세요. (98~100)

(98) 花粉 – [   ]

(99) 昨今 – [   ]

(100) 刻印 – [   ]

제**5**회 한자능력검정시험 **4**급   기출분석문제

본 문제는 (사)한국어문회 시행 제25회 한자능력검정시험에 출제되었던 문제를 수험생들에게 수집한 것입니다.

제한시간 **50**분

1 다음 漢字語의 讀音을 쓰세요. (1~30)

(1) 離脫 [　]	(2) 悲痛 [　]
(3) 派黨 [　]	(4) 深海 [　]
(5) 趣味 [　]	(6) 美麗 [　]
(7) 宣布 [　]	(8) 毛髮 [　]
(9) 探訪 [　]	(10) 豫測 [　]
(11) 援助 [　]	(12) 珍寶 [　]
(13) 疲困 [　]	(14) 穀類 [　]
(15) 制壓 [　]	(16) 勸獎 [　]
(17) 增築 [　]	(18) 證據 [　]
(19) 投降 [　]	(20) 銅鏡 [　]
(21) 就職 [　]	(22) 吸氣 [　]
(23) 貯蓄 [　]	(24) 厚恩 [　]
(25) 遺産 [　]	(26) 眼孔 [　]
(27) 徒步 [　]	(28) 敢然 [　]
(29) 血脈 [　]	(30) 進退 [　]

2 다음 漢字의 訓과 음을 쓰세요. (31~52)

(31) 寢 [　]	(32) 損 [　]
(33) 歎 [　]	(34) 達 [　]
(35) 破 [　]	(36) 總 [　]
(37) 覽 [　]	(38) 解 [　]
(39) 怒 [　]	(40) 環 [　]
(41) 危 [　]	(42) 傷 [　]
(43) 列 [　]	(44) 劇 [　]
(45) 憤 [　]	(46) 態 [　]
(47) 資 [　]	(48) 妹 [　]
(49) 輪 [　]	(50) 次 [　]
(51) 演 [　]	(52) 武 [　]

3 다음의 訓과 音을 지닌 漢字를 쓰세요. (53~70)

(53) 둥글 단 [　]
(54) 빌 축 [　]
(55) 떨어질 락 [　]
(56) 공경 경 [　]
(57) 집 옥 [　]
(58) 팔 매 [　]
(59) 씻을 세 [　]
(60) 신선 선 [　]
(61) 본받을 효 [　]
(62) 클 위 [　]
(63) 책상 안 [　]
(64) 붓 필 [　]
(65) 머무를 정 [　]
(66) 잎 엽 [　]
(67) 가장 최 [　]
(68) 숯 탄 [　]
(69) 재주 기 [　]
(70) 바탕 질 [　]

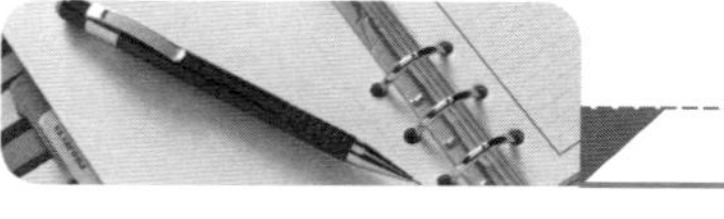

4 다음 [　] 안에 알맞은 漢字를 넣어 故事成語를 完成하세요. (71~75)

(71) 身言[　　]判　　(72) 自初至[　　]

(73) 馬[　　]東風　　(74) 不問可[　　]

(75) 遠[　　]近攻

5 다음 각 글자와 의미상 對立되는 漢字를 넣어 單語를 完成하세요. (76~80)

(76) [　　]↔暗　　(77) 生↔[　　]

(78) [　　]↔低　　(79) 吉↔[　　]

(80) [　　]↔白

6 다음 각 글자와 뜻이 비슷한 漢字를 넣어 單語를 完成하세요. (81~85)

(81) 競 - [　　]　　(82) [　　] - 與

(83) 居 - [　　]　　(84) [　　] - 話

(85) [　　] - 童

7 다음의 讀音과 뜻을 가진 單語를 漢字로 쓰세요. (86~88)

(86) 상리(장사하는 도리) ·························· [　　]

(87) 본말(물건의 밑과 끝) ························· [　　]

(88) 구속(투수가 던지는 공의 속도) ········· [　　]

8 다음 漢字의 部首를 쓰세요. (89~91)

(89) 路 - [　　]

(90) 室 - [　　]

(91) 災 - [　　]

9 다음 漢字를 略字로 바꾸어 쓰세요. (92~94)

(92) 禮 - [　　]

(93) 獨 - [　　]

(94) 會 - [　　]

10 다음 각 문항에서 첫 音節이 長音으로 發音되는 것을 골라, 그 번호를 쓰세요. (95~97)

(95) [　　] : ① 假面 ② 家口 ③ 歌曲 ④ 加工

(96) [　　] : ① 床石 ② 相殘 ③ 象形 ④ 上席

(97) [　　] : ① 土地 ② 土城 ③ 討論 ④ 討伐

11 다음 故事成語가 完成되도록 (　) 안의 말을 漢字로 바꾸어 쓰세요. (98~100)

(98) (대동)小異 - [　　]

(99) (신상)必罰 - [　　]

(100) 有備(무환) - [　　]

실전예상문제 01회

(1) 병정	(2) 노곤	(3) 광천	(4) 계속
(5) 파경	(6) 한탄	(7) 점유	(8) 진기
(9) 강좌	(10) 우송	(11) 비답	(12) 우유
(13) 채택	(14) 의구	(15) 예의	(16) 구문
(17) 기여	(18) 탈출	(19) 간조	(20) 채용
(21) 답변	(22) 표본	(23) 도산	(24) 청중
(25) 근골	(26) 협조	(27) 액화	(28) 지향
(29) 난방	(30) 접착	(31) 닫을 폐	(32) 양식 량
(33) 가질 지	(34) 새길 각	(35) 대롱 관	(36) 원망할 원
(37) 도둑 도	(38) 에워쌀 위	(39) 볼 간	(40) 돈 전
(41) 칠 토	(42) 아닐 부	(43) 기릴 송	(44) 법 범
(45) 모양 자	(46) 남길 유	(47) 씨 핵	(48) 한가할 한
(49) 층 층	(50) 돌아갈 귀	(51) 틀 기	(52) 놀 유
(53) 환경	(54) 지역	(55) 屋內	(56) 상태
(57) 사진	(58) 公開	(59) 설치	(60) 절반
(61) 水道	(62) 정부	(63) 예산	(64) 漢江
(65) 調査	(66) 重要	(67) 問題	(68) 事實
(69) 全國	(70) 家庭	(71) 短期	(72) 消化
(73) 定時	(74) 苦	(75) 識	(76) 身
(77) 石	(78) 材	(79) 重	(80) 發
(81) 初/始	(82) 加/增	(83) 惡	(84) 爭
(85) 質	(86) 到	(87) 作	(88) 思
(89) 士	(90) 舌	(91) 肉	(92) 実
(93) 発	(94) 会	(95) 金科	(96) 作心
(97) 花朝	(98)~(100) ②, ④, ⑧		

해설

(2) 두음법칙 현상으로, '勞(일할 로)'가 '노'로 발음된다.

(11) 批答(비답) : 임금이 상주문의 말미에 적는 가부의 대답.

(71) 團旗(단기) : '단(團)'의 이름이 붙은 단체나 모임의 상징이 되는 기.

(72) 小話(소화) : 짤막한 이야기.

(73) 正視(정시) : 똑바로 봄. 정안(正眼).

(74) 苦盡甘來(고진감래) : 고생 끝에 즐거움이 옴.

(75) 目不識丁(목불식정) : 눈으로 보고도 '丁'자를 모를 정도로 매우 어리석음.

(76) 殺身成仁(살신성인) : 자기의 몸을 희생하여 인(仁)을 이룸.

(77) 以卵投石(이란투석) : 달걀로 돌을 친다는 뜻으로, 아주 약한 것으로 강한 것에 대항하려는 어리석음을 비유함.

(78) 適材適所(적재적소) : 알맞은 인재를 알맞은 곳에 씀.

실전예상문제 02회

(1) 초청	(2) 영화	(3) 경청	(4) 은거
(5) 도피	(6) 음주	(7) 묘수	(8) 구청
(9) 차등	(10) 호황	(11) 자원	(12) 양계
(13) 실탄	(14) 숭엄	(15) 점선	(16) 개조
(17) 교지	(18) 연백	(19) 층계	(20) 지원
(21) 종파	(22) 지환	(23) 다양	(24) 대칭
(25) 장담	(26) 열기	(27) 단기	(28) 배경
(29) 제독	(30) 경우	(31) 겨를 가	(32) 달 감
(33) 춤출 무	(34) 실 사	(35) 격할 격	(36) 재 회
(37) 책 편	(38) 바꿀 역/쉬울 이	(39) 볼 람	(40) 밀 추
(41) 던질 투	(42) 무리 도	(43) 심할 극	(44) 위로할 위
(45) 엄할 엄	(46) 막을 거	(47) 선비 유	(48) 권할 권
(49) 임금 제	(50) 가지런할 정	(51) 숨길 비	(52) 형벌 형
(53) 大學生	(54) 대상	(55) 논문	(56) 人材
(57) 간접	(58) 장점	(59) 賞金	(60) 채용
(61) 우대	(62) 特典	(63) 強化	(64) 電力
(65) 改善	(66) 主題	(67) 전원	(68) 入社
(69) 지원	(70) 書類	(71) 방침	(72) 一
(73) 地	(74) 止	(75) 先	(76) 患
(77) 爭	(78) 充	(79) 參	(80) 告
(81) 合	(82) 死	(83) 行	(84) 公
(85) 賞	(86) 順	(87) 代身	(88) 大臣
(89) 家	(90) 曰	(91) 土	(92) 写
(93) 児	(94) 万	(95) ④	(96) ①
(97) ③	(98) 판단해 가며 읽음		(99) 말싸움/말다툼
(100) 억지로 하거나 시킴			

해설

(72) 千篇一律(천편일률) : 여럿이 개별적 특성이 없이 모두 엇비슷함.

(73) 驚天動地(경천동지) : 하늘이 놀라고 땅이 움직인다는 뜻으로, 세상을 몹시 놀라게 함.

(74) 明鏡止水(명경지수) : 맑은 거울과 고요한 물.

(75) 先公後私(선공후사) : 공적인 일을 먼저 하고 사사로운 일은 뒤로 미룸.

(76) 有備無患(유비무환) : 미리 준비가 되어 있으면 걱정할 것이 없음.

(87) 代身(대신) : 어떤 대상과 자리나 역할을 바꿈.

(88) 大臣(대신) : 군주 국가에서 장관(長官)을 이르는 말.

artmedia

실전예상문제 3회

(1) 포장	(2) 투병	(3) 혼동	(4) 난국
(5) 인연	(6) 충견	(7) 기묘	(8) 제적
(9) 기후	(10) 간구	(11) 간혹	(12) 우수
(13) 위원	(14) 묘비	(15) 종씨	(16) 공적
(17) 독설	(18) 관여	(19) 해적	(20) 당숙
(21) 사비	(22) 재연	(23) 식권	(24) 안정
(25) 판결	(26) 정도	(27) 포격	(28) 벌초
(29) 희원	(30) 보답	(31) 굽힐 굴	(32) 고를 균
(33) 굳을 견	(34) 다할 궁	(35) 기쁠 환	(36) 겨룰 항
(37) 늘일 연	(38) 생각할 려	(39) 구태여/감히 감	(40) 클 거
(41) 무리 군	(42) 이어맬 계	(43) 손윗누이 자	(44) 분할 분
(45) 경영 영	(46) 바퀴 륜	(47) 창자 장	(48) 칠 공
(49) 가지 조	(50) 섞일 잡	(51) 층계 단	(52) 근거 거
(53) 부담	(54) 學校	(55) 英語	(56) 科目
(57) 理由	(58) 全人	(59) 人格	(60) 育成
(61) 다양	(62) 分野	(63) 소양	(64) 경제
(65) 才能	(66) 탈락	(67) 한정	(68) 集中
(69) 무시	(70) 社會	(71) 손실	(72) 無
(73) 來	(74) 立	(75) 異	(76) 舊
(77) 落	(78) 惡	(79) 夕	(80) 可
(81) 主	(82) 展望	(83) 東家	(84) 實
(85) 英	(86) 過	(87) 高	(88) 聞
(89) 女	(90) 口	(91) 乙	(92) 楽
(93) 医	(94) 覌	(95)~(97) ④, ⑤, ⑦	(98) 知秋
(99) 言語	(100) 工商		

해설

(4) 두음법칙 현상으로, '亂(어지러울 란)'이 '난'으로 발음된다.

(72) 仁者無敵(인자무적) : 어진 사람은 모든 사람이 사랑하므로 세상에 적이 없음.

(73) 興盡悲來(흥진비래) : 즐거운 일이 다하면 슬픈 일이 닥쳐옴.

(74) 孤立無援(고립무원) : 고립되어 구원을 받을 데가 없음.

(75) 大同小異(대동소이) : 큰 차이 없이 거의 같음.

(76) 送舊迎新(송구영신) : 묵은해를 보내고 새해를 맞음.

(98) 一葉知秋(일엽지추) : 조그마한 일을 가지고 장차 올 일을 미리 짐작함.

(99) 言語道斷(언어도단) : 어이가 없어서 말하려 해도 말할 수 없음.

(100) 士農工商(사농공상) : 선비, 농부, 장인(匠人), 상인을 이름.

실전예상문제 4회

(1) 기지	(2) 미각	(3) 위신	(4) 실존
(5) 계절	(6) 이발	(7) 석권	(8) 적선
(9) 권장	(10) 환희	(11) 훈계	(12) 사표
(13) 우대	(14) 항복	(15) 헌장	(16) 산문
(17) 인주	(18) 비평	(19) 지역	(20) 극진
(21) 고립	(22) 서기	(23) 해저	(24) 승부
(25) 남매	(26) 사감	(27) 은혜	(28) 감산
(29) 흡수	(30) 맥관	(31) 검소할 검	(32) 다칠 상
(33) 알 란	(34) 들일 납	(35) 떠날 리	(36) 곡식 곡
(37) 의심 의	(38) 맞을 영	(39) 세포 포	(40) 칠 박
(41) 고칠 경/다시 갱	(42) 넓을 보	(43) 쇳돌 광	(44) 오로지 전
(45) 증거 증	(46) 맞을 적	(47) 간략할 략	(48) 본뜰 모
(49) 불터질 폭	(50) 이마 액	(51) 장막 장	(52) 아플 통
(53) 貴族	(54) 밀림	(55) 정도	(56) 體力
(57) 短刀	(58) 獨學	(59) 言語	(60) 親切
(61) 男性	(62) 黑白	(63) 무성	(64) 영화
(65) 都市	(66) 作品	(67) 단연	(68) 人氣
(69) 登場	(70) 有名	(71) 木	(72) 月
(73) 身	(74) 安	(75) 賞	(76) 少
(77) 自	(78) 集	(79) 民	(80) 亡
(81) 圖	(82) 和	(83) 寒	(84) 強
(85) 宅	(86) 傳來	(87) 獨食	(88) 首席
(89) 聿	(90) 止	(91) 木	(92) 挙
(93) 対	(94) 数	(95) 마음 아파함	(96) 줄여서 그림
(97) 귀담아들음	(98) ③	(99) ①	(100) ②

해설

(6) 두음법칙 현상으로, '理(이치 리)'가 '이'로 발음된다.

(29) 吸收(흡수) : 빨아서 거두어들임.

(30) 脈管(맥관) : 동물의 몸속에서 체액이 흐르는 관.

(71) 緣木求魚(연목구어) : 도저히 불가능한 일을 굳이 하려 함.

(72) 日就月將(일취월장) : 나날이 다달이 자라거나 발전함.

(73) 敗家亡身(패가망신) : 집안의 재산을 다 써 없애고 몸을 망침.

(74) 居安思危(거안사위) : 편안할 때도 닥쳐 올 위태로움을 생각함.

(75) 論功行賞(논공행상) : 공적의 크고 작음 등을 논의하여 그에 알맞은 상을 줌.

실전예상문제 5회

(1) 탐방	(2) 통한	(3) 잔액	(4) 정숙
(5) 노송	(6) 공범	(7) 청혼	(8) 손상
(9) 예견	(10) 간이	(11) 종애	(12) 취침
(13) 현달	(14) 무방	(15) 취임	(16) 개혁
(17) 적진	(18) 권면	(19) 회갑	(20) 반사
(21) 강골	(22) 위험	(23) 자금	(24) 피병
(25) 발휘	(26) 목동	(27) 통감	(28) 세밀
(29) 사과	(30) 승복	(31) 매울 렬	(32) 무덤 묘
(33) 비칠 영	(34) 두터울 후	(35) 베풀 장	(36) 뛰어날 걸
(37) 만날 우	(38) 놀랄 경	(39) 험할 험	(40) 베풀 선
(41) 울 명	(42) 칠 격	(43) 기릴 찬	(44) 버들 류
(45) 겹칠 복	(46) 뜻 취	(47) 붙일 속	(48) 줄일 축
(49) 꺾을 절	(50) 짤 직	(51) 부지런할 근	(52) 구를 전
(53) 전통	(54) 重要	(55) 연구	(56) 약상
(57) 건강	(58) 圖書	(59) 제시	(60) 飲食
(61) 生活	(62) 各種	(63) 成人病	(64) 現代
(65) 醫學	(66) 영양	(67) 部分	(68) 過多
(69) 調和	(70) 食卓	(71) 選好	(72) 百
(73) 陽	(74) 生	(75) 會	(76) 利
(77) 冷	(78) 物	(79) 白	(80) 方
(81) 合	(82) 過	(83) 村	(84) 選
(85) 住	(86) 望	(87) 川魚	(88) 高價
(89) 佳	(90) 鳥	(91) 酉	(92) 特筆
(93) 流水	(94) 身言	(95) ②	(96) ①
(97) ③	(98) 号	(99) 変	(100) 広

해설

(5) 두음법칙 현상으로, '老(늙을 로)'가 '노'로 발음된다.

(11) 鍾愛(종애) : 따뜻한 사랑을 한쪽으로 모음.

(72) 百折不屈(백절불굴) : 어떠한 난관에도 굽히지 않음.

(73) 陰德陽報(음덕양보) : 남이 모르게 덕행을 쌓은 사람은 뒤에 그 보답을 받게 됨.

(74) 適者生存(적자생존) : 환경에 적응하는 생물만이 살아남고, 그렇지 못한 것은 도태됨.

(75) 會者定離(회자정리) : 만난 자는 반드시 헤어짐.

(76) 甘言利說(감언이설) : 남의 비위를 맞추거나 이로운 조건을 내세워 꾀는 말.

(87) 天語(천어) : 부모 형제 사이에서 마땅히 지켜야 할 도리.

(92) 大書特筆(대서특필) : 신문 등의 출판물에서 어떤 기사에 큰 비중을 두어 다룸.

(93) 落花流水(낙화유수) : 가는 봄의 경치.

(94) 身言書判(신언서판) : 인물을 선택할 때 표준으로 삼던 조건으로, 신수, 말씨, 문필, 판단력을 이름.

실전예상문제 6회

(1) 대상	(2) 폐교	(3) 식량	(4) 지지
(5) 혈관	(6) 원념	(7) 도매	(8) 포위
(9) 출고	(10) 간판	(11) 금전	(12) 검토
(13) 칭송	(14) 규범	(15) 용자	(16) 유서
(17) 결핵	(18) 한담	(19) 고층	(20) 귀가
(21) 기회	(22) 유람	(23) 거부	(24) 청룡
(25) 정각	(26) 극단	(27) 흥업	(28) 증강
(29) 강복	(30) 용량	(31) 곤할 곤	(32) 샘 천
(33) 이을 계	(34) 거울 경	(35) 탄식할 탄	(36) 점칠 점
(37) 보배 진	(38) 도망할 도	(39) 자리 좌	(40) 우편 우
(41) 비평할 비	(42) 가릴 택	(43) 의지할 의	(44) 거동 의
(45) 일컬을 칭	(46) 힘줄 근	(47) 부칠 기	(48) 벗을 탈
(49) 조수 조	(50) 캘 채	(51) 말씀 변	(52) 표할 표
(53) 展示品	(54) 關心	(55) 古代	(56) 장군
(57) 침공	(58) 傳說	(59) 分身	(60) 長期
(61) 공연	(62) 所聞	(63) 都市	(64) 世界
(65) 工場	(66) 建物	(67) 現代	(68) 개조
(69) 매회	(70) 觀客	(71) 起立	(72) 失
(73) 海	(74) 近	(75) 光	(76) 白
(77) 勞	(78) 孫	(79) 動	(80) 出
(81) 實	(82) 法	(83) 止	(84) 許
(85) 音	(86) 固	(87) 洋食	(88) 同價
(89) 犬	(90) 巾	(91) 衣	(92) 当
(93) 鉄	(94) 図	(95)~(97) ③, ④, ⑥	(98) 위엄 있는 모양
(99) 남아 있음	(100) 입장을 굳게 지킴		

해설

(72) 大驚失色(대경실색) : 몹시 놀라 얼굴빛이 하얗게 질림.

(73) 山海珍味(산해진미) : 산과 바다에서 나는 진귀하고 맛이 좋은 음식.

(74) 遠交近攻(원교근공) : 먼 나라와 친교를 맺고 가까운 나라를 공격함.

(75) 一寸光陰(일촌광음) : 매우 짧은 동안의 시간.

(76) 靑天白日(청천백일) : 하늘이 맑게 갠 대낮.

(87) 良識(양식) : 뛰어난 식견이나 건전한 판단.

실전예상문제 07회

(1) 여가	(2) 감주	(3) 무곡	(4) 단군
(5) 생사	(6) 격노	(7) 방침	(8) 석회
(9) 장편	(10) 용이	(11) 관람	(12) 인의
(13) 추구	(14) 투표	(15) 도중	(16) 극단
(17) 자위	(18) 엄동	(19) 항거	(20) 유생
(21) 권고	(22) 일제	(23) 정지	(24) 신비
(25) 감형	(26) 대원	(27) 시각	(28) 감독
(29) 단오	(30) 축적	(31) 부를 초	(32) 빛날 화
(33) 숨을 은	(34) 피할 피	(35) 술 주	(36) 묘할 묘
(37) 관청 청	(38) 장할 장	(39) 기특할 기	(40) 상황 황
(41) 근원 원	(42) 탄알 탄	(43) 높을 숭	(44) 짤 조
(45) 모양 양	(46) 얽을 구	(47) 기록할 지	(48) 납 연
(49) 섬돌 계	(50) 도울 원	(51) 갈래 파	(52) 고리 환
(53) 文化	(54) 産業	(55) 범위	(56) 예술
(57) 飮食	(58) 自動車	(59) 영역	(60) 市場
(61) 기능	(62) 선택	(63) 경향	(64) 高級
(65) 평가	(66) 消費者	(67) 실제	(68) 理由
(69) 韓流	(70) 記號	(71) 인식	(72) 相
(73) 食	(74) 急	(75) 口	(76) 初
(77) 利	(78) 末	(79) 高	(80) 安
(81) 亡	(82) 家	(83) 情	(84) 救
(85) 王	(86) 所	(87) 再考	(88) 秋山
(89) 禾	(90) 黑	(91) 工	(92) 昼
(93) 画	(94) 旧	(95) ①	(96) ④
(97) ②	(98) 成說	(99) 一石	(100) 落葉

(23) 整地(정지) : 땅을 반반하고 고르게 만듦.

(72) 骨肉相殘(골육상잔) : 가까운 혈족끼리 서로 해치고 죽임.

(73) 無爲徒食(무위도식) : 하는 일 없이 놀고먹음.

(74) 不要不急(불요불급) : 필요하지도 않고 급하지도 않음.

(75) 異口同聲(이구동성) : 여러 사람의 말이 한결같음.

(76) 自初至終(자초지종) : 처음부터 끝까지의 과정.

(87) 在庫(재고) : 창고 등에 쌓여 있음.

(88) 推算(추산) : 짐작으로 미루어 셈함.

(98) 語不成說(어불성설) : 말이 사리에 맞지 아니함.

(99) 一石二鳥(일석이조) : 동시에 두 가지 이득을 봄.

(100) 秋風落葉(추풍낙엽) : 세력이 갑자기 기울어지거나 흩어지는 모양.

실전예상문제 08회

(1) 굴복	(2) 평균	(3) 중견	(4) 곤궁
(5) 환희	(6) 항생	(7) 연명	(8) 염려
(9) 은거	(10) 과감	(11) 거액	(12) 대군
(13) 가계	(14) 모자	(15) 격분	(16) 경영
(17) 서책	(18) 직장	(19) 전공	(20) 조약
(21) 혼잡	(22) 문단	(23) 복종	(24) 의거
(25) 전륜	(26) 가장	(27) 동전	(28) 항도
(29) 제거	(30) 호송	(31) 꾸밀 장	(32) 싸움 투
(33) 섞일 혼	(34) 어지러울 란	(35) 인연 연	(36) 개 견
(37) 다를 차	(38) 문서 적	(39) 기후 후	(40) 방패 간
(41) 혹 혹	(42) 빼어날 수	(43) 맡길 위	(44) 비석 비
(45) 길쌈 적	(46) 판단할 판	(47) 더불 여	(48) 도적 적
(49) 아재비 숙	(50) 탈 연	(51) 문서 권	(52) 고요할 정
(53) 庭園	(54) 화려	(55) 便安	(56) 구조
(57) 배치	(58) 東洋	(59) 음양	(60) 사상
(61) 現實	(62) 自體	(63) 경이	(64) 理由
(65) 예정	(66) 事業	(67) 추진	(68) 學術
(69) 초청	(70) 방문	(71) 別	(72) 有
(73) 分	(74) 事	(75) 讀	(76) 學
(77) 氷	(78) 文	(79) 正	(80) 陽
(81) 變	(82) 選	(83) 感	(84) 大
(85) 身	(86) 海風	(87) 口傳	(88) 冷待
(89) 尤	(90) 疋	(91) リ	(92) 礼
(93) 気	(94) 労	(95) 붉은 잎	(96) 우수 작품
(97) 갑자기 터져 나오는 웃음	(98)~(100) ②, ⑤, ⑧		

(8) 두음법칙 현상으로, '念(생각 념)' 이 '염'으로 발음된다.

(71) 千差萬別(천차만별) : 여러 가지 사물이 모두 차이가 있고 구별이 있음.

(72) 鷄卵有骨(계란유골) : 운수가 나쁜 사람은 모처럼 좋은 기회를 만나도 일이 잘 안됨.

(73) 大義名分(대의명분) : 사람으로서 마땅히 지키고 행하여야 할 도리나 본분.

(74) 實事求是(실사구시) : 사실에 토대를 두어 진리를 탐구하는 일.

(75) 牛耳讀經(우이독경) : 아무리 가르치고 일러 주어도 알아듣지 못함.

실전예상문제 09회

(1) 근검	(2) 부상	(3) 홍옥	(4) 출납
(5) 이탈	(6) 잡곡	(7) 질의	(8) 영송
(9) 세포	(10) 박자	(11) 변경	(12) 보세
(13) 탄광	(14) 전무	(15) 항복	(16) 적당
(17) 생략	(18) 규모	(19) 폭약	(20) 모공
(21) 포장	(22) 복통	(23) 보증	(24) 계란
(25) 금액	(26) 검사	(27) 당수	(28) 쾌감
(29) 빈곤	(30) 확신	(31) 깨달을 각	(32) 위엄 위
(33) 계절 계	(34) 터럭 발	(35) 책 권	(36) 쌓을 적
(37) 밑 저	(38) 질 부	(39) 장려할 장	(40) 경계할 계
(41) 말씀 사	(42) 뛰어날 우	(43) 엎드릴 복	(44) 법 헌
(45) 흩을 산	(46) 누이 매	(47) 붉을 주	(48) 평할 평
(49) 지경 역	(50) 다할 진	(51) 외로울 고	(52) 벼리 기
(53) 來年	(54) 정부	(55) 民間	(56) 新都市
(57) 開發	(58) 事業	(59) 추진	(60) 使用
(61) 綠地	(62) 代身	(63) 생태	(64) 면적
(65) 도입	(66) 區分	(67) 相談	(68) 제도
(69) 全體	(70) 판단	(71) 단위	(72) 畫
(73) 代	(74) 湖	(75) 信	(76) 歲
(77) 買	(78) 强	(79) 貧	(80) 勝
(81) 苦	(82) 同	(83) 識	(84) 溫
(85) 獨	(86) 重	(87) 花信	(88) 火神
(89) 走	(90) 心	(91) 工	(92) 団
(93) 独	(94) 伝	(95) ①	(96) ③
(97) ②	(98) 一失	(99) 白面	(100) 致知

 해설

(5) 두음법칙 현상으로, '離(떠날 리)'가 '이'로 발음된다.

(15) 降 : ① 내릴 강, ② 항복할 항. 여기서는 ②로 쓰였다.

(72) 自畫自讚(자화자찬) : 자기가 한 일을 스스로 자랑함.

(73) 太平聖代(태평성대) : 어진 임금이 잘 다스리어 태평한 세상이나 시대.

(74) 江湖煙波(강호연파) : 강이나 호수 위에 안개처럼 보얗게 이는 기운.

(75) 半信半疑(반신반의) : 얼마쯤 믿으면서도 한편으로는 의심함.

(76) 歲時風俗(세시풍속) : 일상 생활에서 계절에 따라 관습적으로 되풀이되는 민속.

(98) 千慮一失(천려일실) : 슬기로운 사람이라도 잘못 생각할 수 있음.

(99) 白面書生(백면서생) : 한갓 글만 읽고 세상일에는 전혀 경험이 없는 사람.

(100) 格物致知(격물치지) : 실제 사물의 이치를 연구하여 지식을 완전하게 함.

실전예상문제 10회

(1) 극렬	(2) 성묘	(3) 상영	(4) 후생
(5) 출장	(6) 주변	(7) 인걸	(8) 대우
(9) 탐험	(10) 선전	(11) 이단	(12) 분홍
(13) 이명	(14) 타격	(15) 칭찬	(16) 세류
(17) 금속	(18) 단축	(19) 곡절	(20) 조직
(21) 근무	(22) 전입	(23) 복제	(24) 정취
(25) 경탄	(26) 시험	(27) 조퇴	(28) 단속
(29) 의무	(30) 왕년	(31) 찾을 탐	(32) 한/원망 한
(33) 남을 잔	(34) 엄숙할 숙	(35) 소나무 송	(36) 범할 범
(37) 혼인할 혼	(38) 덜 손	(39) 미리 예	(40) 간략할 간
(41) 종발 종	(42) 잘 침	(43) 나타낼 현	(44) 방해할 방
(45) 나아갈 취	(46) 가죽 혁	(47) 진칠 진	(48) 힘쓸 면
(49) 위태할 위	(50) 재물 자	(51) 피곤할 피	(52) 휘두를 휘
(53) 분리	(54) 시행	(55) 規則	(56) 改定
(57) 예고	(58) 共感	(59) 정부	(60) 의지
(61) 初期	(62) 제도	(63) 運用	(64) 方法
(65) 立場	(66) 不足	(67) 成功	(68) 可能性
(69) 完全	(70) 반감	(71) 기준	(72) 果
(73) 山	(74) 感	(75) 科	(76) 書
(77) 凶	(78) 合	(79) 野	(80) 寒
(81) 遠	(82) 能	(83) 終	(84) 貯
(85) 停	(86) 在	(87) 首都	(88) 水道
(89) 心	(90) 寸	(91) 支	(92) 関
(93) 区	(94) 売	(95)~(97) ①, ③, ⑥	
(98) 마음을 다 씀/정성을 다 기울임		(99) 외딴 섬	(100) 미루어 생각함

 해설

(72) 因果應報(인과응보) : 과거의 선악에 따라 현재의 행과 불행이 있다는 말.

(73) 走馬看山(주마간산) : 자세히 살피지 아니하고 대충대충 보고 지나감.

(74) 至誠感天(지성감천) : 어떤 일을 정성껏 하면 좋은 결과를 맺음.

(75) 金科玉條(금과옥조) : 금이나 옥처럼 귀중히 여겨 꼭 지켜야 할 법칙이나 규정.

(76) 身言書判(신언서판) : 인물을 선택할 때 표준으로 삼던 조건으로, 신수, 말씨, 문필, 판단력을 이름.

artmedia

기출분석문제 제1회

(1) 자세	(2) 천맥	(3) 곤궁	(4) 통장
(5) 적도	(6) 폐관	(7) 핵종	(8) 투지
(9) 장학	(10) 예고	(11) 포탄	(12) 봉사
(13) 수사	(14) 두발	(15) 성벽	(16) 담론
(17) 철광	(18) 구상	(19) 은밀	(20) 잔존
(21) 명관	(22) 처벌	(23) 등한	(24) 군무
(25) 요량	(26) 사리	(27) 유골	(28) 빈부
(29) 권면	(30) 수려	(31) 버금 차	(32) 찾을 탐
(33) 겨룰 항	(34) 겨를/틈 가	(35) 닭 계	(36) 충계 단
(37) 들일 납	(38) 머무를 류	(39) 칠 박	(40) 떠날 리
(41) 흩어질 산	(42) 에워쌀 위	(43) 만날 우	(44) 즈음/사이 제
(45) 무리 중	(46) 놀 유	(47) 부를 초	(48) 모습 태
(49) 물결 파	(50) 배 항	(51) 재주 예	(52) 비평할 비
(53) 史記	(54) 永住	(55) 電話	(56) 米食
(57) 東門	(58) 時空	(59) 風前	(60) 他山
(61) 自業	(62) 夕改	(63) 相反	(64) 曲
(65) 冷	(66) 輕	(67) 終/末	(68) 動
(69) 加	(70) 設/建	(71) 目	(72) 路
(73) 根	(74) 장단점	(75) 시각적	(76) 조어력
(77) 축약력	(78) 동음어	(79) 理由	(80) 識別
(81) 계승	(82) 必要	(83) 強化	(84) 地名
(85) 固有	(86) 過去	(87) 現在	(88) 혼란
(89) 山	(90) 广	(91) 日	(92) 実
(93) 対	(94) 礼	(95) 빛의 속도	(96) 큰 계획
(97) 삯을 받고 사람이나 짐을 나르는 배		(98)~(100) ①, ②, ⑤, ⑧ 중 3개 택일	

해설

(25) 두음법칙 현상으로, '料(헤아릴 료)'가 '요'로 발음된다.

(59) 風前燈火(풍전등화) : 바람 앞의 등불로, 매우 위태로운 처지를 이름.

(60) 他山之石(타산지석) : 다른 사람의 하찮은 언행도 자기의 지덕을 닦는데 도움이 됨.

*之 : 어조사 지(3급Ⅱ)

(61) 自業自得(자업자득) : 자기가 저지른 일의 결과를 자기가 받음.

(62) 朝變夕改(조변석개) : 결정을 일관성이 없이 자주 고침.

(63) 言行相反(언행상반) : 말과 행동이 서로 반대됨.

(98)~(100) ① 侵入(침:입) ② 寢室(침:실) ③ 眞實(진실) ④ 職務(직무) ⑤ 犯法(범:법) ⑥ 集會(집회) ⑦ 位置(위치) ⑧ 共同(공:동)

기출분석문제 제2회

(1) 용납	(2) 화려	(3) 원한	(4) 방해
(5) 권면	(6) 묘안	(7) 간만	(8) 독설
(9) 배달	(10) 조율	(11) 밀폐	(12) 근검
(13) 존엄	(14) 구조	(15) 보관	(16) 처벌
(17) 원천	(18) 선포	(19) 씨족	(20) 기여
(21) 박차	(22) 골격	(23) 복사	(24) 모범
(25) 단계	(26) 철사	(27) 탐방	(28) 경향
(29) 양상	(30) 구원	(31) 숨을 은	(32) 울 명
(33) 볼 간	(34) 험할 험	(35) 탄알 탄	(36) 위로할 위
(37) 맡길 위	(38) 싸움 투	(39) 돈 전	(40) 엎드릴 복
(41) 힘쓸 노	(42) 거울 경	(43) 새길 각	(44) 높을 숭
(45) 모양 자	(46) 다할 진	(47) 닭 계	(48) 겨룰/틈 가
(49) 깨달을 각	(50) 이마 액	(51) 칠 벌	(52) 떠날 리
(53) 所重	(54) 不過	(55) 教養	(56) 저하
(57) 유산	(58) 계승	(59) 固有	(60) 우수
(61) 혼동	(62) 分野	(63) 交流	(64) 풍부
(65) 상태	(66) 原始/元始	(67) 제창	(68) 談
(69) 湖	(70) 板	(71) 漁	(72) 動
(73) 道	(74) 身	(75) 者	(76) 變
(77) 亡	(78) 可	(79) 買	(80) 公
(81) 死	(82) 任/負/當	(83) 貯	(84) 冷
(85) 休	(86) 念/思	(87) 食水	(88) 植樹
(89) 女	(90) 巾	(91) 書	(92) 団
(93) 独	(94) 伝	(95) 화재를 미리 막음	
(96) 남의 말을 몰래 듣거나 녹음함		(97) 마지막 강의	(98)~(100) ②, ④, ⑦

해설

(10) 두음법칙 현상으로, '律(비율 률)'이 '율'로 발음된다.

(72) 驚天動地(경천동지) : 세상을 몹시 놀라게 함.

(73) 安貧樂道(안빈낙도) : 가난한 생활을 하면서도 편안한 마음으로 도를 즐겨 지킴.

(74) 殺身成仁(살신성인) : 자기의 몸을 희생하여 인(仁)을 이룸.

(75) 適者生存(적자생존) : 환경에 적응하면 살아남고, 그렇지 못한 것은 도태되어 멸망함.

(76) 朝變夕改(조변석개) : 결정을 일관성이 없이 자주 고침.

(98)~(100) ① 專門(전문) ② 面會(면:회) ③ 織物(직물) ④ 去來(거:래) ⑤ 點數(점수) ⑥ 差異(차이) ⑦ 備考(비:고) ⑧ 雜音(잡음)

기출분석문제 제3회

(1) 방목	(2) 여가	(3) 권장	(4) 정숙
(5) 호위	(6) 취미	(7) 수려	(8) 성찰
(9) 굴절	(10) 종영	(11) 채광	(12) 도당
(13) 난타	(14) 탈진	(15) 토벌	(16) 모조
(17) 관람	(18) 소제	(19) 압권	(20) 간조
(21) 탐방	(22) 수액	(23) 파손	(24) 극단
(25) 조정	(26) 환영	(27) 사복	(28) 위험
(29) 난대	(30) 은밀	(31) 들일 납	(32) 오로지 전
(33) 짤 직	(34) 남을 잔	(35) 날 비	(36) 칠 박
(37) 말씀 변	(38) 들을 청	(39) 한가할 한	(40) 떳떳할 상
(41) 눈 안	(42) 떠날 리	(43) 근거 거	(44) 갈래 파
(45) 열매 실	(46) 잘 침	(47) 매울 렬	(48) 갈 왕
(49) 나아갈 취	(50) 돌아갈 귀	(51) 무리 대	(52) 부를 초
(53) 結合	(54) 범위	(55) 구상화	(56) 時間
(57) 언중	(58) 선호	(59) 형태	(60) 예측
(61) 분포	(62) 주지	(63) 不可能	(64) 정도
(65) 患	(66) 査	(67) 類	(68) 停
(69) 團	(70) 競	(71) 無	(72) 見
(73) 相	(74) 魚	(75) 決	(76) 樂
(77) 勝	(78) 後	(79) 黑	(80) 今
(81) 區	(82) 加	(83) 住	(84) 童
(85) 歌	(86) 落島	(87) 消費	(88) 溫良
(89) 口	(90) 貝	(91) 火	(92) 舊
(93) 礼	(94) 鉄	(95) ③	(96) ①
(97) ④	(98) 多識	(99) 河淸	(100) 電光

해설

(13) 두음법칙 현상으로, '亂(어지러울 란)'이 '난'으로 발음된다.

(71) 角者無齒(각자무치) : 한 사람이 여러 가지 재주를 다 가질 수 없음.

(72) 見利思義(견리사의) : 눈앞의 이익을 보면 의리를 먼저 생각함.

(73) 一脈相通(일맥상통) : 사고방식, 상태, 성질이 서로 통하거나 비슷해짐.

(74) 緣木求魚(연목구어) : 불가능한 일을 굳이 하려 함.

(75) 死生決斷(사생결단) : 죽고 삶을 돌보지 않고 끝장을 내려고 함.

(98) 博學多識(박학다식) : 학식이 넓고 아는 것이 많음.

(99) 百年河淸(백년하청) : 오랜 시일이 지나도 일이 이루어지기 어려움.

(100) 電光石火(전광석화) : 매우 짧은 시간.

기출분석문제 제4회

(1) 창출	(2) 수주	(3) 비리	(4) 금족
(5) 공방	(6) 설란	(7) 후판	(8) 사상
(9) 신화	(10) 헌정	(11) 고철	(12) 표심
(13) 근면	(14) 기협	(15) 시상	(16) 원용
(17) 다변	(18) 북핵	(19) 발의	(20) 골절
(21) 주장	(22) 확실	(23) 태도	(24) 판단
(25) 과정	(26) 관찰	(27) 위기	(28) 상황
(29) 시야	(30) 우왕좌왕	(31) 行動	(32) 分明
(33) 貴重	(34) 美德	(35) 知識	(36) 感情
(37) 信念	(38) 安全	(39) 意見	(40) 目的地
(41) 方向	(42)~(45) 23, 25, 29, 30		(46) 放火
(47) 朝夕	(48) 特技	(49) 病苦	(50) 責望
(51) 代案	(52) 風聞	(53) 名筆	(54) 時效
(55) 길 로	(56) 붉을 홍	(57) 흩을 산	(58) 머리 수
(59) 소 우	(60) 절 사	(61) 쌓을 축	(62) 귀 이
(63) 사라질 소	(64) 좋을 호	(65) 받들 봉	(66) 손 수
(67) 술 주	(68) 도울 조	(69) 숨길 비	(70) 울 명
(71) 힘 력	(72) 노래 요	(73) 굳을 고	(74) 넓을 보
(75) 구할 구	(76) 잘 숙/별자리 수	(77) 틈 가	(78) 敬
(79) 強	(80) 者	(81) 患	(82) 決
(83) 洋服	(84) 淸江	(85) 再考	(86) 始
(87) 凶	(88) 加/增	(89) 財	(90) 界/域
(91) 競/戰/鬪	(92) 區	(93) 輕	(94) 対
(95) 鹿	(96) 巾	(97) 口	(98) 꽃가루
(99) 어제와 오늘	(100) 도장을 새김		

해설

(16) 援用(원용) : 자기의 주장이나 학설을 세우기 위하여 문헌이나 관례 등을 끌어다 씀.

(83) 陽福(양복) : 남이 다 알게 받거나 누리는 복.

(84) 聽講(청강) : 강의를 들음.

(85) 在庫(재고) : 창고 등에 쌓여 있음.

(95) 麗 : 고울 려, 鹿부 총19획

(96) 帶 : 띠 대, 巾부 총11획

(97) 嚴 : 엄할 엄, 口부 총20획

기출분석문제 제 **5**회

(1) 이탈	(2) 비통	(3) 파당	(4) 심해
(5) 취미	(6) 미려	(7) 선포	(8) 모발
(9) 탐방	(10) 예측	(11) 원조	(12) 진보
(13) 피곤	(14) 곡류	(15) 제압	(16) 권장
(17) 증축	(18) 증거	(19) 투항	(20) 동경
(21) 취직	(22) 흡기	(23) 저축	(24) 후은
(25) 유산	(26) 안공	(27) 도보	(28) 감연
(29) 혈맥	(30) 진퇴	(31) 잘 침	(32) 덜 손
(33) 탄식할 탄	(34) 통달할 달	(35) 깨뜨릴 파	(36) 다 총
(37) 볼 람	(38) 풀 해	(39) 성낼 노	(40) 고리 환
(41) 위태할 위	(42) 다칠 상	(43) 벌릴 렬	(44) 심할 극
(45) 분할 분	(46) 모습 태	(47) 재물 자	(48) 누이 매
(49) 바퀴 륜	(50) 버금 차	(51) 펼 연	(52) 호반 무
(53) 團	(54) 祝	(55) 落	(56) 敬
(57) 屋	(58) 賣	(59) 洗	(60) 仙
(61) 效	(62) 偉	(63) 案	(64) 筆
(65) 停	(66) 葉	(67) 最	(68) 炭
(69) 技	(70) 質	(71) 書	(72) 終
(73) 耳	(74) 知	(75) 交	(76) 明
(77) 死	(78) 高	(79) 凶	(80) 黑
(81) 爭	(82) 參	(83) 住	(84) 談
(85) 兒	(86) 商理	(87) 本末	(88) 球速
(89) 足	(90) 亠	(91) 火	(92) 礼
(93) 独	(94) 会	(95) ①	(96) ④
(97) ③	(98) 大同	(99) 信賞	(100) 無患

해설

(1) 두음법칙 현상으로, '離(떠날 리)'가 '이'로 발음된다.

(26) 眼孔(안공) : 눈구멍.

(71) 身言書判(신언서판) : 인물을 판단하는 기준인 신수, 말씨, 문필, 판단력을 이름.

(72) 自初至終(자초지종) : 처음부터 끝까지의 과정.

(73) 馬耳東風(마이동풍) : 남의 말을 귀담아듣지 아니하고 지나쳐 흘려 버림.

(74) 不問可知(불문가지) : 묻지 아니하여도 알 수 있음.

(75) 遠交近攻(원교근공) : 먼 나라와 친교를 맺고 가까운 나라를 공격함.

(98) 大同小異(대동소이) : 큰 차이 없이 거의 같음.

(99) 信賞必罰(신상필벌) : 상과 벌을 공정하고 엄중하게 하는 일을 이르는 말.

(100) 有備無患(유비무환) : 미리 준비가 되어 있으면 걱정할 것이 없음.